
JOSEPH LESURQUES

DEVANT

LA CHAMBRE DES PAIRS

ET DEVANT

LE SÉNAT

1821-1862

SIMPLE RAPPROCHEMENT

PARIS

E. DENTU, LIBRAIRE-ÉDITEUR

GALERIE D'ORLÉANS, 13 ET 17, PALAIS-ROYAL

1862

AUX LECTEURS

———

Le 14 mai 1862, le Sénat avait à délibérer sur un sujet grave et solennel, l'*affaire Lesurques*.

Une fois de plus, l'infortunée famille réclamait la réparation de la plus affreuse des erreurs judiciaires. A l'appui de sa pétition, elle apportait d'abord ces arguments anciens qui restent toujours nouveaux parce que la vérité ne vieillit pas ; ensuite une importante consultation rédigée par l'illustre bâtonnier de l'ordre des avocats de Paris, Me Jules Favre, et signée par tout ce que les barreaux de France ont de savants et de respectables jurisconsultes. Recueillis par mes soins, ces noms figureront dans une prochaine publication.

Sur la proposition de M. Stourm, rapporteur, le Sénat a purement et simplement prononcé l'ordre du jour, sans qu'aucun orateur ait cru devoir lui répliquer ; ainsi la décision du Sénat n'a pas été éclairée par une discussion contradictoire, et cette question, qui avait toujours jusqu'alors été jugée digne d'un examen approfondi, n'a pas eu cette fois les honneurs d'un débat quelconque.

Le 14 décembre 1821, c'est-à-dire il y a plus de quarante ans, la Chambre des pairs, saisie de cette lamentable affaire, offrait un spectacle bien différent.

Au nom d'un comité où figuraient MM. le comte Molé, le vicomte Mathieu de Montmorency, le comte de Castellane, le duc de Saint-Aignan, le comte de Valence et le comte Portalis, le vénérable et éminent comte de Valence fut chargé du rapport de cette commission, et il terminait un discours resté à jamais célèbre par cette déclaration formelle :

L'arrêt de l'an **IV** *est entaché d'une funeste erreur ; l'innocence de Lesurques reconnue et proclamée par le grand jury de l'opinion publique* exige la révision du jugement et la réhabilitation officielle.

La Chambre des pairs applaudissait à ce langage et appelait de tous ses vœux la réparation déjà trop tardive.

On l'avouera, la contradiction est étrange entre la conduite de **MM.** les pairs de **1821** et celle de **MM.** les sénateurs de **1862**.

Nous publions ensemble les rapports qui ont amené entre les deux assemblées un contraste si regrettable et si frappant.

Pièces en mains, hommes de cœur, hommes indépendants, jugez.

Il sera prochainement répondu à toutes les questions et objections contenues dans le rapport de M. Stourm, par une brochure qui paraîtra incessamment et précédera le Mémoire général sur l'ensemble de l'affaire Lesurques.

Batignolles, le 1er juillet 1862.

Louis MÉQUILLET PÈRE,

Représentant la famille Lesurques depuis quarante et un ans, et subrogé tuteur des petits-enfants.

JOSEPH LESURQUES

DEVANT

LA CHAMBRE DES PAIRS

MONITEUR UNIVERSEL
Années 1821-1822

Séance du mardi 11 décembre.

La chambre s'est réunie à une heure.

A L'OUVERTURE DE LA SÉANCE, IL A ÉTÉ PROCÉDÉ A LA RÉCEPTION DE M. LE COMTE SIMÉON, NOMMÉ PAIR DE FRANCE PAR ORDONNANCE DU ROI, EN DATE DU 25 OCTOBRE DERNIER (1).

(1) Si quelqu'un demandait pour quel motif ces lignes sont imprimées en LETTRES CAPITALES, nous le prierions de lire une brochure, publiée par M. Henry d'Audigier, déjà intitulée *Procès d'outre-tombe*, avec ce sous-titre significatif : *Joseph Lesurques contre le comte Siméon.* — Si Joseph Lesurques est mort sans avoir pu se justifier, si les preuves de son innocence sont demeurées vingt-cinq ans *introuvables*, si ces preuves publiées n'ont pas amené la réhabilitation, si l'iniquité primitive a été perpétuée par une série

M. le comte de Valence dépose sur le bureau une proposition tendant à provoquer une loi sur la révision des procès criminels dans certains cas non prévus par la législation actuelle.

La chambre a décidé qu'elle s'occuperait de cette proposition, dont les motifs seront développés par son auteur dans une prochaine séance.

<hr>

Séance du vendredi 14 décembre 1821

PRÉSIDÉE PAR M. LE CHANCELIER.

A une heure, la chambre se réunit en vertu de l'ajournement prononcé dans la séance d'hier.

Le procès-verbal de cette séance ne pouvant être mis aujourd'hui sous les yeux de l'assemblée, l'ordre du jour est immédiatement proclamé.

d'iniquités postérieures, si nous plaidons encore une cause gagnée devant l'opinion publique, en un mot, si le *Procès d'outre-tombe* dure toujours après soixante-cinq ans de plaidoyers victorieux, la faute en est à M. Siméon, nous l'avons prouvé, nous le prouverons encore; qu'on veuille bien seulement remarquer ici cette étrange coïncidence : le jour même où arrive à la Chambre des pairs le rapport sur Lesurques, M. Siméon vient siéger dans cette Assemblée. O hasard!

Le 7 novembre, ayant enfin pu prendre connaissance des pièces des procès invisibles pendant vingt-cinq ans, et enfin retrouvées au greffe de Versailles, M. de Salgues avait publié sa remarquable *Notice sur l'affaire Lesurques*.

Il crut de son devoir et aussi de *l'intérêt de ses clients*, d'adresser un exemplaire de son travail à celui qui fut le rapporteur de l'an IV aux Cinq-Cents, et qui était devenu alors *comte Siméon*, et ministre de l'intérieur.

M. Siméon traita l'écrit de M. de Salgues comme un libelle séditieux. Par un incroyable abus de pouvoir, il en ordonna le renvoi au directeur général de la police, *enjoignant* à ce magistrat de menacer d'une arrestation l'écrivain d'abord, puis la veuve et les deux filles de Lesurques.

Dieu merci, M. Delavau était honnête homme et homme de cœur. Il sut désobéir; loin d'intimider trois pauvres femmes, il s'appliqua à les rassurer, et leur donna même des éloges, des consolations et des encouragements.

Le mois suivant, M. Siméon, alors tout-puissant, entrait à la Chambre des pairs, voulant suivre de près son œuvre et la conduite de ses collègues.

M. le comte Molé quitte la tribune et cède la parole à M. le comte de Valence, qui, au nom du même comité, fait à la chambre le rapport d'une pétition, par laquelle la veuve et les enfants de Joseph Lesurques, condamné à mort le 5 août 1796, et exécuté le 30 octobre suivant, demandent la réhabilitation de sa mémoire.

Le noble pair s'exprime en ces termes :

« Messieurs, j'ai été chargé par votre comité d'avoir l'honneur de vous rendre compte de la pétition qui vous a été adressée par la veuve et les enfants de Joseph Lesurques.

» Certes, le but de leur demande est digne de ceux auxquels elle s'adresse ; elle doit intéresser leur justice et leur humanité. Une veuve et des enfants éplorés viennent vous supplier de faire effacer l'ignominie dont fut abreuvé leur père innocent, condamné comme un vil assassin ; réduits au comble du malheur, ils vous demandent de leur faire recouvrer la renommée de leur père ; et quand vous vous trouvez entourés des gémissements d'une famille désolée, c'est moins encore votre sensibilité que vous aurez à écouter, que les intérêts généraux de la société, qui sont depuis si longtemps compromis dans l'un de ses membres.

» Votre commission, en vous présentant les prières d'une mère et de trois enfants qui ont perdu leur père d'une manière épouvantable, d'une famille qui s'est vue à la fois privée du chef qui devait la protéger, et plongée dans une complète misère, n'aura pas du moins à gémir sur l'injustice et la partialité des juges qui rendirent ce terrible arrêt ; jamais au contraire les fonctions redoutables de la justice ne furent remplies avec plus de lenteur et plus d'humanité ; mais je ne sais quel mauvais génie planait sur tout ce qui pouvait protéger l'innocence de l'infortuné Lesurques ; les preuves même qui auraient dû la faire éclater se trouvaient atténuées par des circonstances malheureuses, et les dépositions qui avaient pris leur source dans une conviction dont on a depuis conçu que les témoins ne pouvaient se défendre, étaient fausses et légères, quand tout paraissait devoir constater leur véracité.

» Si le jury et les juges furent respectables au milieu même de leur funeste erreur, on remarque aussi que le gouvernement d'alors employa tous ses moyens pour retarder l'exécution de la fatale sentence; le conseil législatif même, que le Directoire invoqua plusieurs fois pour suspendre l'action de la justice sur laquelle il avait des doutes, apporta une pieuse circonspection à l'examen de tout ce qui lui était présenté dans cette affaire, où les présomptions en faveur du condamné n'étaient fondées que sur des aveux ou des assurances données par des criminels; où toutes les vérités étaient obscurcies par la source même qui venait de les révéler; où tout ce qui tendait à rassurer la société alarmée était prononcé par des juges respectables et des magistrats vertueux.

» Les tribunaux avaient rempli leurs devoirs avec la plus scrupuleuse impartialité; le gouvernement et le corps législatif avaient peut-être outrepassé les leurs par un sentiment d'humanité toujours digne de la reconnaissance publique; et cependant l'infortuné Lesurques vit finir sur un échafaud son innocente vie !

» Messieurs, les faits vous sont connus, et la notice répandue par sa veuve et ses enfants fait que je me contenterai d'en présenter à Vos Seigneuries un aperçu rapide.

» Joseph Lesurques, père de famille, jouissant d'une réputation honorable dans son pays et d'une fortune aisée, fut impliqué dans l'accusation de l'assassinat du courrier de Lyon, par des dépositions fondées sur des vraisemblances tellement inouïes, qu'on ne peut les accuser d'avoir été légèrement émises; elles furent opiniâtrément soutenues sur l'indice trompeur d'une fatale ressemblance avec l'un des assassins.

» Par un cruel concours de circonstances, et malgré l'invraisemblance de l'accusation, malgré la voix publique qui la démentait, malgré les aveux des autres coupables, et malgré les accusations qu'ils portaient contre leurs vrais complices, qui prouvaient d'une manière positive que l'accusation contre Lesurques n'était pas fondée, cet irréprochable citoyen fut condamné à mort, et l'arrêt fut exécuté le 9 octobre 1796.

» Bientôt, et cependant trop tard, trois des individus qui avaient aussi participé à l'assassinat du courrier de Lyon, avec Couriol, furent successivement arrêtés et livrés à la justice.

Parmi les prévenus se trouvait entre autres celui à qui si malheureusement ressemblait Lesurques, le criminel Dubosc. Son apparition fut un coup de foudre dont l'éclair dessilla tous les yeux. Ces trois misérables confirmèrent ce que les autres condamnés avaient déjà dit de l'innocence de Lesurques; ils la proclamèrent; ils s'avouèrent eux-mêmes les seuls coupables : le seul prestige de ressemblance s'évanouit, et il ne resta que la douleur profonde d'une nouvelle et affligeante preuve de la faillibilité des jugements humains.

» Tels sont en abrégé, mais dans la plus rigide exactitude, les faits que la famille Lesurques vous expose, et d'après lesquels elle réclame votre puissante intervention pour pouvoir obtenir la réhabilitation de l'innocent, et la justice entière due à sa mémoire.

» Si le comité chargé de l'examen de cette intéressante pétition avait cru pouvoir céder à ce premier mouvement, qui, toujours, porte au redressement de l'erreur et à la réparation de l'injustice, nul doute ne pouvant exister en fait sur l'innocence de Joseph Lesurques, reconnue et proclamée par le grand jury de l'opinion publique, nul doute n'eût pu balancer son avis pour le devoir d'une complète réhabilitation.

» Mais le sentiment a aussi ses séductions, dont nous avons voulu nous défendre; et d'après ces réflexions, nous avons dû examiner la question sous les rapports légaux, sous le rapport des cas de révision que la loi détermine, du mode et des moyens de révision qu'elle établit, et des formes qu'elle prescrit.

» Avant d'entrer dans cette importante discussion, je dois aller au-devant d'une objection qui, si elle était fondée, la rendrait inutile; d'une objection à laquelle on a attaché la plus grande importance.

» La famille Lesurques est-elle recevable dans sa réclamation? Le préjugé qui propageait l'infamie dans la famille d'un condamné étant détruit, la veuve et les enfants Lesurques n'étant pas entachés par sa condamnation, toute action ne doit-elle pas leur être refusée?

» Messieurs, il s'agit d'un époux et d'un père ! et l'on repousserait sa veuve et ses enfants, lorsqu'ils viennent remplir envers sa mémoire le devoir le plus sacré !

» Lesurques n'aurait-il donc légué à sa famille que de misérables intérêts de fortune, elle aurait droit et action pour le recouvrement d'une créance de sa succession, et elle ne l'aurait pas pour le recouvrement le plus précieux de son héritage, pour la restitution de son honneur condamné !

» Qu'un préjugé d'infamie n'enveloppe plus la famille d'un criminel qui périt sur l'échafaud parce que les fautes sont personnelles... je désire que ce vœu de la loi l'emporte sur la puissance de l'opinion; mais est-ce la crainte d'une honte personnelle qui amène la veuve et les enfants de Lesurques devant vous? Non, c'est le sentiment le plus respectable, le devoir le plus impérieux. Privés d'un époux et d'un père par la plus effroyable catastrophe, s'il est désormais impossible de le leur rendre, ils demandent que du moins son innocence soit reconnue et déclarée, que sa mémoire soit justifiée ; et, certes, il y aurait de l'inhumanité à leur opposer un prétendu défaut d'action ; car si l'action naît de l'intérêt qu'on a, quel intérêt plus cher et plus sacré que celui qui les anime !

» Toute bonne législation doit réprimer tous les excès et maintenir avec fermeté les bonnes mœurs, l'ordre et la paix publique ; pour atteindre ce but, la loi, avec une infatigable activité, poursuit les criminels, découvre leurs complots et les punit ; mais elle perdrait son caractère le plus auguste, elle serait privée de son plus noble exercice, et elle ressemblerait à la crainte et à la vengeance si, en infligeant des châtiments aux coupables, elle négligeait de protéger l'innocence opprimée; c'est en remplissant avec éclat ce devoir si sacré, qu'elle fera bénir sa puissance ; elle doit être l'effroi des méchants et l'espoir des belles âmes. Il ne lui suffit pas de proclamer l'innocence des infortunés, victimes de la calomnie ; en ajoutant à l'authenticité de faits positifs, publiquement reconnus, elle doit des dédommagements proportionnés à l'énormité des injustices et à la gravité des infortunes ; quand le public est unanimement forcé de reconnaître une injustice désolante, il serait odieux que la loi n'eût pas des moyens de réparation. Toute loi équitable, humaine et bienfaisante, honore le Code qui la contient.

» Dans toutes les législations du monde, l'erreur de fait ne préjudicie pas ; elle peut toujours être réparée.

» L'erreur vicie et détruit un contrat, lorsqu'elle porte sur la substance même de la chose qui en est l'objet. (Code civil, art. 1110.)

» L'erreur dans la personne rompt l'engagement le plus important, le plus indissoluble ; elle est une cause de nullité du mariage (Code civil, art. 180.)

» Il est élémentaire, en droit comme en raison, qu'il n'y a ni consentement, ni obligation, là où il y a erreur.

» L'erreur la plus grave, la plus terrible dans ses suites et dans ses effets, serait-elle donc la seule contre laquelle la loi n'offrirait aucun moyen de redressement?

» L'erreur sur la personne dans une condamnation capitale pourrait-elle donc être une chose indifférente aux yeux de la justice et de la société ?

» Il ne le pensa pas, l'homme supérieur et célèbre que son ardent amour de l'humanité constitua le vengeur de la mémoire de Calas, et dont le zèle parvint à faire rétracter l'arrêt de sa condamnation.

» Vous ne le penserez pas non plus, nobles pairs, vous que le même sentiment anime et que vos hautes attributions appellent à provoquer le complément de la législation soit dans ses lacunes, soit dans son insuffisance.

» N'accusons cependant pas cette législation ; il était impossible que la loi n'ouvrît pas un moyen de réparation à ceux que la justice aurait frappés par erreur : et dans l'ordonnance de 1670, et dans la loi du 16 décembre 1791 et dans notre Code criminel actuel, se trouvent des dispositions relatives à la révision des procès criminels.

» La question est de savoir si ces dispositions sont suffisantes et complètes, ou si, pour les rendre entières et parfaitement justes, la Chambre des pairs doit prendre l'initiative d'une proposition.

» Sans me livrer, à cet égard, à une inutile discussion des lois anciennes, abrogées et changées, je me bornerai à vous faire connaître quel est l'état de la législation existante.

» Le Code criminel, aux art. 443, 444 et 445, détermine trois cas où il y a lieu à révision :

» 1° Celui où deux condamnations successivement prononcées

pour le même crime ne sauraient se concilier, et seraient la preuve de l'innocence de l'un ou de l'autre des condamnés ;

» 2° La représentation d'un homme réputé avoir été tué et la condamnation de son prétendu meurtrier.

» 3° Le cas où, après une condamnation, l'un ou plusieurs des témoins qui ont déposé à la charge du condamné, sont eux-mêmes convaincus de faux témoignage porté dans la même affaire.

» De ces trois cas prévus par la loi, voici celui qui s'applique à l'espèce.

» Joseph Lesurques a été condamné et mis à mort pour un crime dont ensuite un autre a été reconnu et jugé être le véritable auteur : il a confessé qu'il l'avait commis ; il a pleinement rendu hommage à l'innocence de Lesurques, dont la fatale ressemblance avec ce misérable, après avoir été la cause d'une si cruelle erreur, est devenue celle de tant de tardifs regrets.

» Voilà donc deux condamnations, successivement prononcées pour le même crime, qui ne sauraient se concilier ; voilà deux jugements dont le dernier est la preuve nécessaire de l'erreur du premier et de l'innocence de Lesurques.

» Or, si la preuve de son innocence est acquise (et il n'y a ni doute, ni contradiction à cet égard), le bénéfice de la révision peut-il n'être pas acquis à sa famille qui vous implore, et avez-vous autre chose à faire que de renvoyer sa pétition au ministre de la justice pour qu'il fasse exécuter la loi ?

» Cependant des doutes s'élèvent ; mais il n'y en a qu'un qui mérite une attention sérieuse ; car tout ce qu'on vous dirait :

» Et de l'intérêt social lié à l'irrévocabilité des jugements, comme si l'intérêt de la société n'était pas essentiellement d'assurer justice à l'innocence !

» Et de la présomption de vérité que la loi attache aux jugements légalement rendus, comme si une simple présomption de droit pouvait prévaloir à l'évidence d'un fait contraire qui la détruit !

» Enfin, du respect dû aux déclarations des jurys, comme si la loi en ouvrant, dans les cas qu'elle a spécifiés, la voie de la révision des jugements par jurys, n'avait pas repoussé elle-même cette considération, par la considération plus puissante de la faveur que l'innocence doit toujours obtenir !

» Toutes ces objections, dis-je, seraient trop vagues et trop futiles pour qu'elles dussent vous arrêter.

» Mais il en est une plus grave et plus positive ; c'est celle-là surtout que votre comité a examinée ; la voici :

» Dans le cas prévu par l'art. 443, où deux condamnations auraient été successivement prononcées sur le même crime, et ne sauraient se concilier (c'est le cas actuel), le ministre de la justice charge le procureur général près la Cour de cassation de dénoncer les deux arrêts à cette cour.

» Si la Cour de cassation trouve qu'en effet les deux condamnations ne peuvent se concilier, elle casse les deux arrêts, et renvoie, pour être procédé sur les actes d'accusation subsistants, devant une cour autre que celles qui ont rendu les deux arrêts.

» Voilà donc une nouvelle instruction à faire ; voilà de nouveaux débats qui doivent s'établir : mais entre qui? Les deux condamnés n'existent plus et une nouvelle procédure étant désormais impossible, il faut forcément renoncer à une révision ainsi dépouillée de tous ses moyens. *Il faut*, disait le rapporteur de la loi au Corps législatif, *s'arrêter devant les barrières posées par la nature elle-même, et quand l'erreur possible ou présumée n'est d'ailleurs plus réellement réparable, il ne faut pas ouvrir d'indiscrètes issues aux réclamations.*

» Si cette objection était insoluble, elle serait désolante : mais quoi ! parce que la vérité s'est manifestée trop tard, elle perdrait ses droits ! ceux de l'innocence ne sont ils pas imprescriptibles ? Si le malheureux Lesurques n'avait pas subi un jugement dont l'erreur est plus claire que le jour, il conserverait la vie, il serait rendu à l'honneur ; et, parce qu'il a péri victime d'une fatalité épouvantable, il faut qu'il demeure enseveli sous le poids de l'opprobre de sa condamnation et de l'exécution de l'arrêt qu'il n'avait pas mérité !

» Sans doute, il faut s'arrêter devant les barrières posées par la nature ; c'est dire qu'aucune puissance ne saurait rendre la vie à Lesurques ; mais que tout moyen de révision soit impossible, que sa mémoire ne soit pas lavée et rétablie, que sa famille suppliante soit repoussée lorsqu'elle réclame sa réhabilitation morale ; non, la nature n'oppose pas une barrière à une si favorable (1) réclamation.

» Si cette terrible conséquence dérivait de la loi, il faudrait appeler de la loi à la loi même : dans le cas de deux condamnations qui ne peuvent se concilier, et dont la dernière est la preuve évidente de l'erreur de la première, elle a ouvert la voie de la révision ; peut-elle l'avoir admise en vain ? Et les moyens qu'elle offre au condamné encore vivant, elle les refuserait à celui qui a péri, par la seule raison qu'il a péri ! Ainsi l'excès du malheur, le comble de l'infortune, autoriseraient un déni de justice fait à l'innocence !

» Mais si l'innocent a péri, son nom, sa mémoire, son honneur, sa fortune, n'ont pas péri avec lui, et sont encore susceptibles d'une juste réparation ; pourrait-elle être refusée aux gémissements de ses mânes, aux pleurs de sa famille, au vœu de la société, qu'il importe de rassurer contre de trop funestes erreurs ; pourrait-elle être refusée à la justice elle-même, qui ne peut que la vouloir et la désirer ?

» Votre comité convient que la circonstance de la mort des deux condamnés ne permet plus de suivre la route tracée, et qu'après la cassation des deux arrêts jugés inconciliables, il n'y aurait plus aucun moyen d'établir une nouvelle procédure devant une autre cour.

» Mais quand l'évidence et la notoriété sont réunies, quand la dernière condamnation et les éléments sur lesquels elle a été rendue, démontrent si clairemant l'erreur de la première et mettent dans un si grand jour l'innocence du premier condamné, il est bien pénible d'avoir à lutter contre une difficulté de forme, car cette procédure prescrite n'est que de pure forme, et d'une forme bien vaine dans l'hypothèse dont nous nous occupons.

» D'un côté s'agite devant vous une haute question d'intérêt social, une question dans laquelle l'équité et l'humanité sont, pour ainsi dire, parties.

» De l'autre côté, une loi existe qui, dans son silence, semble créer une fin de non-recevoir ; je dis une fin de non-recevoir ; la

____

(1) *Digne de faveur.* — Le mot se dit en ce sens de certaines choses qui méritent d'être exceptées de la rigueur de la loi. (*Dict. de l'Acad.*)

révision est dans son motif et dans son intention ; il n'y a qu'absence du moyen d'agir ; que pouvez-vous, que devez-vous faire dans cette alternative ?

» Votre comité est d'avis et il a l'honneur de proposer à Vos Seigneuries de renvoyer la pétition de la famille Lesurques au ministre de la justice, et en même temps d'en ordonner le dépôt au bureau des renseignements, où nous ne doutons pas qu'elle ne devienne l'occasion et le texte de la proposition à faire au roi d'un projet de loi qui supplée au cas non prévu dans l'article 443 du Code d'instruction criminelle, où il se trouverait que les condamnés par deux arrêts successifs et inconciliables seraient morts l'un ou l'autre, ou le seraient tous les deux, et qui détermine quel mode de révision serait alors à suivre.

» Si cette proposition n'est pas faite par un autre membre de la Chambre, elle le sera sous peu de jours par un de ceux de votre comité. »

On demande l'impression du rapport qui vient d'être entendu.

Un pair (*M. le baron Pasquier*) estime qu'il faudrait en retrancher, avant l'impression, le fait trop positivement énoncé que les deux jugements de Lesurques et de Dubosc *sont inconciliables*. C'est une question que la Chambre n'a point à juger, et que, dans l'opinion du noble pair, il convient de laisser entière.

Cette opinion est appuyée par divers membres. L'un d'eux (*M. le comte de Bastard*) observe que le second arrêt eût été annulé par la Cour de cassation si elle l'eût jugé inconciliable avec le premier.

D'autres membres (*M. le comte de Ségur*, etc.) pensent au contraire que la question est décidée par ce seul fait que Lesurques et Dubosc ont été condamnés comme ne formant qu'une même personne. Il y a donc eu deux condamnés lorsqu'il n'y en avait qu'un de coupable.

Un pair (*M. le comte Molé*) lève toute difficulté en observant qu'il est de principe dans la Chambre que l'impression ordonnée d'un rapport ou d'une opinion ne préjuge rien sur les faits qui s'y trouvent énoncés.

Un autre pair (*M. le comte de Sèze*) propose, en ordonnant

l'impression du rapport, d'ajourner la délibération de la Chambre sur les conclusions qui le terminent.

Cette proposition, combattue par divers membres, est écartée par la question préalable.

La Chambre ordonne l'impression et adopte les conclusions du rapport.

Elle adopte pareillement la proposition que fait ensuite le rapporteur de renvoyer au ministre de la justice, avec la pétition originaire sur laquelle on vient de statuer, une pétition additionnelle présentée par la veuve Lesurques, et *tendant à obtenir du gouvernement un secours provisoire sur les biens dont sa famille a été dépouillée par la confiscation.*

Cette décision prise, la Chambre passe à l'ordre du jour, c'est-à-dire à la continuation du débat ouvert dans la dernière séance sur les articles du projet de loi relatif au régime sanitaire.

Séance du vendredi 28 *décembre.*

L'ordre du jour appelle le développement de la proposition faite par un pair (*M. le comte de Valence*), dans la séance du 18 décembre dernier, et tendant à provoquer une loi pour la révision des procès criminels dans certains cas non prévus par le Code.

L'auteur de cette proposition étant retenu chez lui pour maladie grave, M. le comte de Lacépède, qui s'est chargé de le suppléer, obtient la parole, et fait lecture à la Chambre des développements ci-après :

« Messieurs, je vais avoir l'honneur de vous rappeler la proposition de loi que je vous ai présentée dans votre séance du 18 du mois dernier. La voici telle que je l'ai signée et déposée sur votre bureau :

« Sa Majesté est suppliée de vouloir bien faire présenter à l'une

» des Chambres un projet de loi qui statue sur le mode de révi-
» sion qui doit être suivi lorsque deux individus, condamnés pour
» le même crime, ont tous les deux subi la peine portée dans le
» Code pénal pour ledit crime, et qu'il y a *présomption grave,*
» résultant des éléments mêmes des deux condamnations, de
» l'inconciliabilité des deux arrêts qui les ont prononcées, et de
» l'erreur dans la personne de l'un des condamnés. »

» Je ne viens plus, Messieurs, vous entretenir de la fatale condamnation de Joseph Lesurques, ni des malheurs et des réclamations de sa veuve et de ses enfants.

» Vous avez compati au récit des longues infortunes de cette
famille ; vous avez, sur ces réclamations, fait tout ce qui conve-
nait à vos attributions légales. Si la mesure générale sur laquelle
vous allez délibérer peut lui être profitable, sans doute nous nous
en féliciterons tous, *mais d'ailleurs rien n'est exclusivement
pour elle dans les motifs dont je vais avoir l'honneur de vous
entretenir.*

» La proposition que j'ai soumise à la Chambre, et dont la
pétition de Lesurques a été, non l'objet, mais la simple occasion,
cette proposition se rattache à des considérations plus générales,
à de plus vastes intérêts : c'est l'humanité, c'est la société, qui
réclament une addition à la loi, pour un cas grave, *omis et non
prévu :* un tel sujet est digne de votre attention et d'être sérieu-
sement médité par vos seigneuries. C'est sous les rapports élevés
auxquels elle se lie que je vais essayer de traiter cette question,
qui déjà serait bien importante s'il ne s'agissait que des intérêts
d'une famille, et qui s'agrandit immensément quand elle se rattache à la législation générale.

» Il faut, pour le maintien et pour l'ordre du corps social,
qu'il soit environné de toutes les garanties que la prévoyance
humaine peut lui offrir ; il faut que toutes les injustices puissent
être réformées, que toutes les erreurs puissent être redressées,
et que l'on puisse parvenir à réparer toutes les lésions.

» Si cette sollicitude de toute loi doit être son principal caractère, il lui importe bien plus encore de lui être fidèle dans la loi
criminelle qui dispose des premiers intérêts de l'homme ; cette
sollicitude doit alors même aller jusqu'au scrupule.

» Si la loi doit porter toute sa vigilance et toute sa sévérité sur

2

tout ce qui peut troubler l'harmonie sociale, l'harmonie sociale est-elle moins troublée lorsque la justice a frappé par erreur? Lorsque cette erreur est signalée, le devoir de la réparation n'est-il pas plus impérieux encore que n'était le devoir de la répression ?

» Ces premières considérations, qui sans doute ne peuvent rencontrer aucun contradicteur, m'amènent naturellement au développement de la proposition que j'ai eu l'honneur de déposer sur le bureau.

» Chargé par votre comité des pétitions de vous présenter, Messieurs, le rapport par lui délibéré sur la pétition de la famille Lesurques, tendant à la réhabilitation de Joseph Lesurques, condamné et supplicié pour crime d'assassinat, et cependant reconnu depuis, ou du moins *fortement présumé* innocent, j'ai dû rechercher avec soin quelles étaient les dispositions de nos lois relatives à ce cas.

» J'ai trouvé qu'en effet, lorsque deux condamnations, successivement prononcées pour le même crime, étaient inconciliables, et que l'une prouvait *nécessairement* l'erreur de l'autre, *il y avait lieu à révision*, encore que les jugements eussent été rendus sur déclaration du jury.

» Je vous prie, Messieurs, de ne point perdre de vue cette observation, sur laquelle j'appuie, pour écarter à jamais l'objection de l'irréfragabilité des jugements par jurés, alors que, dans les cas donnés, la loi soumet elle-même à une révision.

» Le principe de la révision constaté, j'ai voulu connaître le mode et les moyens de s'y conformer; ces moyens sont faciles, si les deux condamnés sont encore existants.

» Dans ce cas, les deux jugements inconciliables et destructifs l'un de l'autre sont cassés : une nouvelle procédure s'établit sur les deux actes d'accusation; et d'après le résultat de cette nouvelle instruction, la condamnation qui est reconnue erronée est rétractée : l'innocence est rétablie dans tous ses droits.

» Mais si, en raison de la mort qui se serait ensuivie de l'un ou de l'autre des condamnés, cette nouvelle procédure ne peut avoir lieu, faudra-t-il que le bénéfice de la révision soit perdu pour l'innocent qui a subi l'exécution d'un arrêt qui n'a été rendu contre lui que par une fatale erreur? Faudra-t-il que sa mémoire reste à jamais flétrie?..... Sa famille désolée, la société effrayée, imploreront-elles en vain la justice, et n'existera-t-il pas de loi pour les rassurer!

» Voilà la lacune! voilà la question!

» Vous montrer, Messieurs, le point où la loi s'est arrêtée, c'est vous indiquer le noble usage que vous pouvez faire de vos préro-gatives pour provoquer le complément de la loi; car enfin la mort de l'un ou de l'autre des condamnés, ou de tous les deux, lorsqu'il y a des *présomptions graves et fortes* que des deux l'un était innocent, et qu'à son égard il y a eu erreur sur la personne; *leur mort, dis-je, ne peut pas être une raison pour que cette er-reur ne soit pas vérifiée et reconnue, et pour qu'un hommage solennel ne soit pas rendu à l'innocence et à la vérité.*

» Eh! qui s'accoutumerait à l'idée qu'un innocent pourrait périr sans qu'il fût possible de réparer cette erreur, alors que son innocence serait reconnue? C'est précisément parce qu'il a subi toute la rigueur et toute la honte d'une condamnation infa-mante, qu'une satisfaction plus éclatante est due à son nom, à sa mémoire et à sa famille!

» Eh! qu'importe à la justice de sa réhabilitation, que, vic-time déjà immolée, il ne puisse plus paraître de nouveau en ju-gement?

» S'il était innocent; si les éléments sur lesquels sa condam-nation fut assise ont été détruits par les éléments d'une condam-nation postérieure sur le même fait prononcée contre un autre; si (comme dans l'affaire Lesurques) l'illusion d'une fatale res-semblance s'est dissipée à l'aspect du véritable coupable; si la voix qui accusait a démenti ensuite en gémissant sa propre accu-sation; si les indices les plus pressants, les plus concluants, les plus forts, se réunissent pour attester l'erreur de la condamna-tion; enfin, je le répète, s'il était innocent, n'ai-je pas répondu à toutes les objections?

» Elles se réduisent en effet toutes à ce peu de mots :

« Par la mort du condamné, la procédure prescrite pour la » révision ne pouvant plus avoir lieu, cette révision doit être » forcément refusée, encore que s'il vivait le principe lui en fût » applicable et que même le bienfait lui en fût acquis. »

» Ainsi, parce qu'un malheureux a subi une condamnation

erronée ; parce qu'il aura tout souffert, angoisses, agonie, supplice, infamie ! il faudra que sa mémoire et sa famille restent à jamais écrasées sous cet horrible poids !

» Ainsi, *pour l'absence de quelques formes* que la manifestation trop lente de la vérité n'a pas permis de remplir avant le coup fatal qui a tranché sa vie, la cendre de l'innocent restera mêlée et confondue avec celle des plus vils criminels !

» Ainsi, la même fatalité qui a fait tomber sa tête sera l'obstacle insurmontable à sa réhabilitation, malgré l'évidence ou du moins les *présomptions les mieux fondées de son innocence !*

» Ainsi, le comble du malheur sera un motif invincible pour en étouffer la plainte !

» Non, non, Messieurs, un tel résultat est impossible ; si la loi se tait sur un point d'aussi haut intérêt, vous voudrez demander au nom de la nature et de l'humanité, au nom de la société et de la justice, au vôtre enfin, que la loi s'explique et que les formes établies (que la mort du condamné réputé innocent empêche de suivre) soient suppléées par d'autres formes adaptées à ce cas spécial.

» Quelles doivent être ces formes?... Ici je m'arrête. Sans doute il est dans nos priviléges, comme on le voit à l'art. 19 de la Charte, d'indiquer ce qu'il nous paraît convenable que la loi contienne quand nous faisons des propositions de loi; mais je n'userai point de cette faculté, et j'attendrai, soit les formes que vos seigneuries voudront déterminer elles-mêmes, soit celles que l'autre Chambre ajoutera dans sa prudence en recevant votre résolution.

» Sans doute je pourrais demander qu'il y ait renvoi par le ministre de la justice au procureur général de la Cour suprême, pour qu'il requière la cassation de celui des deux arrêts dans lequel il reconnaîtra le vice radical de l'erreur sur la personne, et par conséquent celui de l'inconciliabilité des deux condamnations.

» Sans doute je pourrais demander aussi, si la Cour de cassation reconnaît l'erreur et la nullité absolue qui en dérivent, qu'il se joigne au renvoi devant une autre Cour la nomination d'un curateur à la mémoire du condamné, comme il est porté à l'article 447 du Code d'instruction criminelle.

» Je pourrais ajouter que si l'autre condamné n'existe plus, il
n'est pas indispensable qu'il soit représenté, qu'il n'est pas partie
nécessaire dans la nouvelle instruction. Les deux condamnés
n'ont pas été en présence, jamais contradicteurs l'un de l'autre ;
et il suffit, pour éclairer la justice, que la seconde condamnation
soit elle-même la preuve de l'erreur de la première ; mais je n'in-
sisterai pas sur ces aperçus des formes à suivre, j'aime mieux
m'abstenir de toute indication sur ce que je pourrais désirer qui
fût compris dans la loi, et mon vœu personnel serait d'attendre
avec une respectueuse confiance l'initiative que le roi prendra
dans sa haute sagesse, s'il veut bien, comme tout nous permet de
l'espérer, nous envoyer un projet de loi. Les discussions lumi-
neuses qui auront lieu dans ses conseils, et ensuite dans les deux
Chambres, ouvriront une belle carrière aux défenseurs de l'humanité.

» Je crois, pour le moment, avoir rempli ma tâche en signa-
lant, dans la loi, l'omission grave que j'y ai remarquée ;

» En vous représentant, Messieurs, combien il importe dans
l'intérêt social qu'il soit pourvu par une disposition supplémen-
taire et positive au cas non prévu et trop malheureusement possible que j'ai eu l'honneur de signaler devant vous :

» En faisant valoir, autant qu'il était en moi, les droits éter-
nels et sacrés, inaltérables et indestructibles de l'innocence et du
malheur ;

» Enfin, en vous priant d'apercevoir combien seraient cruelles
les conséquences de la seule objection que l'on puisse faire, objection qui est, à proprement parler, une fin de non-recevoir, et
ne saurait jamais être admise dans une matière aussi favorable,
où il s'agit de la révision d'une condamnation capitale infectée
du vice radical d'une erreur sur la personne ;

» En conséquence, je persiste et j'ai l'honneur de vous demander, Messieurs, de vouloir bien prendre en considération ma proposition, tendant à ce que :

« Sa Majesté soit suppliée de vouloir bien présenter à l'une des
» Chambres un projet de loi qui statue sur le mode de révision
» qui doit être suivi, lorsque deux individus, condamnés pour le
» même crime, ont tous deux subi la peine portée dans le Code
» pénal pour ledit crime, et qu'il y a présomption grave, résul-

» tant des éléments mêmes des deux condamnations, de l'incon-
» ciliabilité des deux arrêts qui les ont prononcées, et de l'erreur
» dans la personne de l'un des condamnés. »

Cette lecture terminée, la discussion est ouverte, aux termes
du règlement, sur la question de savoir si la proposition développée sera prise en considération.

La Chambre se prononce pour l'affirmative.

M. le président ordonne en conséquence le renvoi aux bureaux,
l'impression et la distribution des développements entendus dans
cette séance.

Séance du mardi 5 *février.*

L'ordre du jour appelle la discussion en Assemblée générale
de la proposition développée dans la séance du 19 du même
mois, et tendante à provoquer une loi pour la révision des procès criminels dans certains cas non prévus par le Code.

Lecture faite de cette proposition, dont l'auteur (*M. le comte
de Valence*) vient de succomber à une maladie grave dont il
était dès lors attaqué, M. le président consulte l'Assemblée pour
savoir si elle veut ouvrir immédiatement la discussion ou nom-
mer une Commission spéciale qui lui fera son rapport.

La Chambre décide qu'il sera nommé, séance tenante, une
Commission spéciale de cinq membres.

Avant d'ouvrir le scrutin pour la nomination des commissaires, M. le président désigne, suivant l'usage, par la voie du
sort, deux scrutateurs pour assister au dépouillement des votes.

Les scrutateurs désignés sont MM. le comte de Sèze et le marquis d'Osmond.

On procède au scrutin dans la forme accoutumée. Le résultat
du dépouillement donne au premier tour, sur un nombre total
de 103 votants, la majorité absolue des suffrages à MM. le comte

de Bastard, le comte Lacépède et le comte Molé. M. le marquis
de Pastoret obtient au second tour et M. le marquis de Lally-
Tolendal au troisième, le premier sur un nombre de 118, le second sur un nombre de 120 votants , la même majorité absolue.
Ils sont tous proclamés par M. le président commissaires de
l'Assemblée pour le rapport dont il s'agit.

L'ordre du jour appelle ensuite la discussion en Assemblée
générale du projet de résolution présenté à la Chambre, dans
sa séance du 26 janvier, par la Commission spéciale qu'elle avait
chargée d'examiner deux propositions précédemment prises en
considération, et relatives, l'une à la compétence, l'autre aux
formes de procéder de la Cour des pairs.

L'ordre du jour appelait en troisième lieu le rapport de la
Commission spéciale chargée d'examiner la proposition soumise
à la Chambre par feu M. le comte de Valence, tendante à provoquer une loi pour la révision des procès criminels dans certains
cas non prévus par le Code.

Au nom de cette Commission, M. le comte de Lacépède, l'un
de ses membres, obtient la parole et fait à l'Assemblée le rapport
suivant :

« Nobles pairs, vous avez renvoyé à une Commission l'examen
d'une proposition du comte de Valence, tendante à « supplier
» Sa Majesté de vouloir bien faire présenter à l'une des Cham-
» bres un projet de loi qui statue sur le mode de révision qui
» doit être suivi lorsque deux individus, condamnés pour le même
» crime, ont tous les deux subi la peine de mort portée dans le
» Code pénal pour ledit crime, et qu'il y a présomption grave
» résultante de deux condamnations, de l'inconciliabilité des
» deux arrêts qui les ont prononcées, et de l'erreur dans la per-
» sonne de l'un des condamnés. »

» Votre Commission, nobles pairs, a examiné avec beaucoup
de soin cette proposition du comte de Valence. Elle a comparé
avec beaucoup d'attention ce que demandaient deux grands intérêts de la société ; ce qu'exigeait, d'un côté, la stabilité des
jugements solennels et définitifs, et de l'autre, la justification
de l'innocence et la réhabilitation de la mémoire des victimes
d'une funeste erreur.

» Elle a eu sous les yeux le Code de procédure criminelle. Elle a revu, dans le titre II du livre second de ce Code, le chapitre III, relatif aux demandes en révision. Elle s'est longtemps occupée des diverses dispositions de ce chapitre, inspirées par la justice et par l'humanité.

» L'art. 443 porte que, si deux arrêts ne peuvent se concilier, et sont la preuve de l'innocence de l'un ou de l'autre des condamnés, le ministre de la justice, soit d'office, soit sur la réclamation des condamnés, ou de l'un d'eux, ou du ministère public, charge le procureur général près la Cour de cassation de dénoncer les deux arrêts à cette Cour, dont la section criminelle, après avoir vérifié que les deux arrêts sont inconciliables, les casse, et renvoie les accusés devant une autre Cour que celles qui ont rendu ces arrêts que l'on ne peut concilier.

» D'après cette disposition si juste et si bienfaisante, nobles pairs, il ne reste aucun vœu à former en faveur de l'innocence lorsque les deux condamnés sont vivants ; mais, si l'un d'eux a subi la peine capitale, ou si sa mort naturelle est arrivée, les dispositions actuelles du Code ne présentent aucun moyen de faire découvrir la vérité, et c'est ce moyen, réclamé par l'humanité et par la justice, que la proposition du comte de Valence tend à donner aux familles désolées, à la société tout entière blessée dans ses intérêts les plus chers, les droits sacrés de l'innocence.

» Mais, dira-t-on peut-être, comment chercher à réparer une injustice devenue irréparable ? Comment recommencer la procédure, et parvenir à un nouvel arrêt relativement à un condamné qui n'existe plus ?

» Le chapitre III l'indique, nobles pairs. L'art. 444 établit une circonstance particulière où la révision est autorisée après une condamnation pour homicide ; et dans l'art. 447, le Code d'instruction criminelle dit formellement : *Lorsqu'il y aura lieu de réviser une condamnation pour la cause exprimée en l'art. 444, et que cette condamnation aura été portée contre un individu mort depuis l'arrêt, la Cour de cassation créera un curateur à sa mémoire, avec lequel se fera l'instruction, et qui exercera tous les droits du condamné.*

» C'est ce moyen, déjà consacré par le Code, au chapitre des révisions, que votre Commission a pensé qu'on pourrait employer, lorsque deux arrêts de condamnation seraient inconciliables, et que l'individu condamné par le premier de ces arrêts aurait cessé d'exister. En admettant, pour une exécution plus étendue de l'art. 443, cette disposition si équitable de l'art. 447, on ne propose aucune véritable innovation ; on ne demande aucun moyen étranger au Code qui nous régit ; on ne blesse ni le sens ni la lettre de ce Code : on ne fait que compléter par ce rapprochement l'art. 443, remplir en quelque sorte les intentions du législateur, satisfaire la justice dans des cas qui seront toujours très rares, mais qui peuvent se présenter, et donner à la société l'assurance, si nécessaire à son repos, qu'il n'existera point de circonstances où la vérité ne puisse être reconnue et l'innocence proclamée.

» On objectera peut-être, nobles pairs, que la différence est énorme entre les circonstances où le premier condamné par un des deux arrêts inconciliables existe encore, et celle où il a cessé de vivre. Dans la première supposition, ajoutera-t-on, il faut se presser d'arracher un innocent à la mort qui le menace, ou à la punition injuste qu'il a commencé de subir. Mais lorsque cet individu n'existe plus, l'intérêt est-il le même ? Peut-on lui rendre la vie qu'il a perdue ? La loi fondamentale du royaume ayant aboli les confiscations, la famille du malheureux condamné a-t-elle quelque restitution à réclamer ? Les condamnations et les peines ne sont-elles pas personnelles ? A-t-on besoin de délivrer la famille de l'infortuné d'une infamie qui n'a pas pu s'étendre jusqu'à elle ? Y a-t-il des motifs assez puissants pour risquer de porter atteinte, par une révision en quelque sorte inutile, à la stabilité des jugements, à cette stabilité si nécessaire et au respect dont les tribunaux doivent être environnés, et à la tranquillité de la société tout entière ?

» Ah ! nobles pairs, qui sentira mieux que vous combien il est facile de répondre à ces objections ? La loi, sans doute, a voulu que l'infamie ne pût atteindre la famille du condamné. Son influence devrait toujours surmonter toutes les préventions. Une douleur sans mesure devrait peser seule sur cette famille infortunée. Mais cette infamie est debout sur la tombe d'un innocent ; mais sa mémoire est flétrie ; mais elle est en horreur parmi les hommes. Un nouveau jugement ne rendra pas la vie à la victime innocente; mais il lui rendra l'honneur, bien plus précieux que la vie.

» Si ce noble sentiment qui fait préférer l'honneur à l'existence, qui donne naissance à tant de vertus sublimes, qui dans les âmes élevées se confond avec l'amour de la gloire, et que l'immortel Montesquieu a proclamé comme si nécessaire à la durée des monarchies, n'était pas le caractère distinctif de la nation française; si ce sentiment si admirable n'existait pas, nobles pairs, il faudrait le créer.

» Mais, dira-t-on encore, vous n'avez pas besoin d'une cassation de deux arrêts et d'une troisième décision solennelle pour rétablir la mémoire de celui qui aura été condamné injustement. La liberté de la presse existe. Les parents, les amis du condamné publieront les preuves de son innocence, citeront le second arrêt comme un témoignage irrécusable de l'injustice du premier. L'opinion publique reconnaîtra cette injustice, et sa décision sera en faveur de l'innocent un arrêt de réhabilitation bien plus puissant que celui d'une Cour. Personne ne reconnaît plus que moi l'influence de cette opinion publique. Mais de pauvres familles pourront-elles facilement parvenir à l'éclairer? Combien ses jugements sont quelquefois tardifs? Combien souvent ils doivent être provoqués par de grandes circonstances qui ne se réuniront pas en faveur de la mémoire d'une obscure victime?

» Mais, d'ailleurs, quelle idée se formerait-on de la justice, et que deviendrait son empire tutélaire, si les lois qui en règlent l'autorité, ou en organisent l'exercice, ne prévoyaient pas non-seulement toutes les injustices pour les empêcher et tous les crimes pour les punir, mais encore toutes les erreurs pour les détruire et tous les torts pour les réparer? Lorsqu'il existe deux arrêts inconciliables, une grande faute involontaire a été commise, ou plutôt un grand malheur est tombé sur les ministres de la justice. Il faut qu'un acte solennel écarte ce malheur, répare cette faute involontaire, raffermisse la confiance publique ébranlée par les deux arrêts inconciliables. Il faut que, si, dans le cours inévitable des erreurs humaines, il peut arriver un jour qu'une victime d'une nouvelle erreur voie la hache fatale près de frapper sa tête innocente, elle puisse se dire à elle-même : *Aujour-*

d'hui on me croit coupable; il viendra un temps où ma mémoire sera honorée par les organes même de la loi.

» Votre commission a donc cru devoir vous proposer d'adopter la proposition du comte de Valence. Il lui a paru néanmoins qu'elle devait vous la présenter avec une rédaction nouvelle qui en borne l'étendue. Elle ne demande une révision que dans la supposition où l'individu condamné par le premier des deux arrêts inconciliables ne serait plus vivant.

» Elle a pensé qu'à l'instant où le second de ces deux arrêts serait rendu, la famille du second condamné ou le ministère public demanderait que l'exécution en fût suspendue, et adresserait au ministre de la justice toutes les pièces nécessaires pour que la révision des deux arrêts pût être réclamée.

» Elle a cru d'ailleurs que la Chambre devait attendre ce que la haute sagesse du monarque pourrait juger convenable de faire insérer dans le projet de loi, pour la circonstance où les deux condamnés ne seraient plus vivants.

» Et pourquoi est-ce ma faible voix, et non pas celle du noble auteur de la proposition, qui plaide aujourd'hui devant vous, au nom des illustres collègues dont j'ai l'honneur d'être l'organe, la cause de la vérité, de la justice et de l'innocence ? Et pourquoi, en héritant de son vœu, n'ai-je pas hérité de ses droits auprès de vous ?

» J'ai l'honneur, nobles pairs, de vous proposer, au nom de votre Commission, d'adopter la proposition du comte de Valence, avec la rédaction suivante, qui se rapproche le plus possible de l'art. 443.

« Sa Majesté sera suppliée de vouloir bien adresser aux Cham-
» bres un projet de loi qui statue sur un mode de révision à
» suivre lorsque deux individus, ayant été condamnés par deux
» arrêts différents pour le même crime, les deux arrêts ne pour-
» ront se concilier, seront la preuve de l'innocence de l'un ou de
» l'autre des deux condamnés, et que le premier de ces deux
» condamnés aura cessé de vivre. »

La Chambre ordonne l'impression du rapport qui vient d'être entendu. Elle ajourne à samedi prochain l'ouverture de la discussion sur ce rapport et sur le projet de résolution qui le termine.

L'heure étant avancée, l'audition des développements annoncés par un noble pair est renvoyée au même jour.

La Chambre y renvoie pareillement l'exposé sommaire d'une proposition qu'un autre pair a déclaré être dans l'intention de lui soumettre.

La séance est levée.

L'ordre du jour appelle en dernier lieu la discussion du projet de résolution tendant à provoquer une loi pour la révision des procès criminels dans certains cas non prévus par le Code.

Un premier opinant, inscrit pour combattre ce projet, est appelé à la tribune.

Le noble pair (*M. le comte Portalis*) avait été touché d'abord des considérations qui ont déterminé l'auteur de la proposition à la présenter, et la Commission spéciale à en demander l'adoption. Il lui semblait que les jugements des hommes n'étant jamais infaillibles, leurs erreurs ne devaient pas demeurer irréparables ; qu'une mémoire sans tache était un bien dont la société devait dans tous les cas la restitution à celui qu'elle en avait privé injustement, ou à sa famille ; et qu'enfin, un malheur public, tel que la condamnation de l'innocence, ne pouvait rester sans une expiation solennelle. Mais, quelque puissantes que fussent ces considérations, un examen plus approfondi a convaincu l'opinant que la résolution proposée ne pouvait être admise. Nos anciennes lois reconnaissaient plusieurs causes de révision, et accordaient à la famille le droit de les faire valoir, lorsque le condamné n'existait plus. Ce droit et la révision elle-même furent abolis au moment où prit naissance le nouveau système de procédure criminelle. En 1795, une loi rétablit la révision, mais pour un seul cas, celui de l'existence simultanée de deux jugements inconciliables. Bientôt après, le Code des délits et des peines la supprima de nouveau, et elle resta interdite jusqu'à la promulgation du Code d'instruction criminelle. Ce Code, en la faisant revivre, ne la permet que dans trois cas : s'il existe deux condamnations inconciliables ; si les témoins entendus au procès sont condamnés postérieurement pour faux témoignage ; si enfin, après une condamnation pour homicide, l'homme qu'on avait cru mort vient à reparaître. De ces trois causes de révision, la dernière seule est admissible après la mort du condamné ; les deux autres ne peuvent être invoquées que par lüi. Tel est sur ce point l'état actuel de notre législation, bien différente sans doute des principes autrefois adoptés. Mais le changement que nos lois ont éprouvé en cette matière était la conséquence inévitable de celui qu'a éprouvé l'ensemble de la procédure criminelle. Ce n'est plus, en effet, sur une instruction écrite, sur des preuves légales et par des juges permanents que les affaires sont jugées aujourd'hui ; tout est oral dans le débat ; tout repose, dans le jugement, sur la seule conviction d'un jury qui cesse d'exister au moment même où sa déclaration est rendue. Tout est donc fugitif, et il ne reste plus aucune base pour la révision, si même l'on peut appeler ainsi ce qui est bien plutôt un procès nouveau instruit devant d'autres juges. Aussi, et depuis l'établissement du jury, la nécessité d'environner sa décision d'un respect et d'une confiance sans bornes a-t-elle fait restreindre, autant que possible, les cas où la révision est admise. Il en est cependant où elle ne pouvait être refusée ; mais, aux yeux du noble pair, le Code renferme, à cet égard, tout ce que l'on pouvait raisonnablement désirer. Il n'accorde que dans un seul cas à la famille le droit de provoquer la révision. Mais pouvait-il en être autrement ? Pouvait-on admettre la possibilité d'un nouveau jugement, lorsque celui qui devrait y être soumis n'existe plus ? Non, sans doute ; et lorsque par la mort du condamné tout examen nouveau est devenu impossible, il faut, pour que sa réhabilitation puisse être prononcée, que la preuve de son innocence résulte d'un fait clair et prouvé indépendamment de tout examen. C'est ce qui arrive, lorsque la personne que l'on avait supposée morte vient à reparaître. Dans ce cas, il suffit que l'identité soit jugée ; la présence du condamné n'ajouterait rien à la certitude, et ne pourrait la diminuer. Dans tous les cas, il est impossible d'espérer un résultat conforme à la justice hors de la présence du condamné. Toute révision alors est donc impossible. La commission cependant propose de l'admettre dans le cas qu'il existerait deux arrêts inconciliables. Mais, quelles que soient les raisons d'équité que l'on puisse invoquer en faveur de ce système, il n'en est pas moins inadmissible. En effet, tout ce qui peut résulter du rapprochement de deux arrêts inconciliables, c'est le doute et l'incertitude, c'est la nécessité d'un nouveau jugement. Mais comment y procéder, lorsque celui des condamnés en faveur duquel il serait réclamé n'existe plus ? Pourquoi accorder à celui qui existe encore les chances d'un nouvel examen sans profit pour la mémoire du mort ? car si la seconde condamnation est maintenue par le nouveau jury, l'incertitude reste la même ; et si le dépérissement des preuves ou d'autres circonstances faciles à prévoir amènent l'acquittement du second condamné, la tache imprimée à celui qu'on veut réhabiliter n'en deviendra que plus forte, et l'on aura compromis sans motif les intérêts de la société, en faisant dégénérer la procédure criminelle en une vaine représentation qui ne saurait porter la conviction dans les âmes. Le projet de résolution est inspiré sans doute par de pieux et respectables sentiments ; mais pour obtenir un succès rare et incertain, il porterait un coup funeste à l'autorité des jugements, si importante en toute matière, et surtout en matière criminelle. Un cas paraîtrait cependant au premier coup d'œil devoir autoriser la révision : c'est celui où le véritable auteur du crime est retrouvé après la mort de celui qui a été condamné comme l'ayant commis. Mais d'abord ce cas doit être infiniment rare, et quand il se présente, c'est toujours sous la forme d'une contradiction manifeste entre deux jugements ; contradiction qui, comme on vient de le dire, ne peut que faire naître le doute et qui ne peut conduire à aucune certitude favorable au condamné qui n'existe plus. Il faut donc se résigner à un inconvénient qui sort de la nature même des choses, et ne pas compromettre, par un désir trop ardent de la justice, son exacte distribution. Il faut éviter de compliquer sans nécessité notre législation ; et puisqu'elle ne poursuit pas les morts au delà du tombeau pour raison de leurs crimes, ne les évoquons pas sous le prétexte de démontrer leur innocence, lorsqu'il n'est plus en leur pouvoir de la prouver. Appelés devant une autre justice, ils sont désormais affranchis de la justice humaine ; et quant à leur famille, l'opinion publique leur suffit. C'est à elle seule qu'il appartient de rétablir la mémoire de ceux qui ne peuvent plus être justifiés autrement ; et cette réhabilitation est obtenue dès que la justice de la condamnation devient douteuse. Le projet de résolution est donc inutile et présenterait de graves inconvénients. Le noble pair en vote le rejet.

L'assemblée ordonne l'impression de son discours et ajourne la suite de la discussion à lundi prochain, 15 du courant, à une heure.

La séance est levée.

Séance du lundi 13 *avril,*

PRÉSIDÉE PAR M. LE CHANCELIER.

A une heure, la Chambre se réunit, en vertu de l'ajournement porté au procès-verbal de la séance du 13 de ce mois.

Lecture faite de ce procès-verbal, sa rédaction est adoptée.

L'ordre du jour appelle la suite de la discussion, ouverte dans la même séance, sur le projet de résolution tendant à provoquer une loi pour la révision des procès criminels dans certains cas non prévus par le Code.

L'adoption de ce projet ayant été combattue par le seul orateur qui ait été entendu, M. le président appelle à la tribune un second orateur (*M. le marquis de Lally*) (1), inscrit pour appuyer cette adoption.

C'est sur les principes de la justice éternelle, sur les sentiments gravés par la nature même dans le cœur de tous les hommes, que le noble pair s'appuie pour soutenir une proposi-

---

(1) Fils d'un *réhabilité*, cet infortuné comte de Lally-Tollendal, injustement accusé d'avoir trahi la France dans l'Inde, fut supplicié en 1766 ; Voltaire publia en sa faveur un éloquent *factum*, et en 1778, à la suite des magnifiques plaidoyers de son fils, le marquis de Lally, Louis XVI fit réviser son jugement ; l'arrêt fut cassé à l'unanimité par les nouveaux juges, et la mémoire du condamné solennellement *réhabilitée*.

tion qui a sanctifié les derniers jours de son auteur, et qui honore à jamais sa mémoire. Dieu lui-même a déclaré que le sang innocent criait jusqu'à lui. N'interceptons pas sur la terre une voix qui pénètre jusqu'au ciel. N'oublions pas les leçons de l'histoire. Plus d'une page de la nôtre signale de funestes erreurs, mais elle nous console du moins par les exemples touchants d'une réparation solennelle. Le supplice de Marigny n'est pas demeuré sans expiation, la mémoire de Chabot a été vengée sur le témoignage même du monarque, et le vertueux Lamoignon s'est honoré lui-même, et a fait bénir la justice du grand roi, en insérant dans l'ordonnance de 1670 un titre entier *sur la révision des procès criminels*. On ne prétendait pas alors qu'un innocent condamné dût l'être pour toujours, et que le fils ne pût être admis à venger l'honneur de son père. On n'invoquait pas contre une réparation nécessaire, quoique tardive, le besoin de laisser en repos la conscience du sage qui a commis une erreur, ou de celui qui est sur le point de la commettre. Mais un Code nouveau, flétri d'avance par une opposition sans exemple, à l'époque de son adoption, ne permet plus aujourd'hui que la voix de la justice se fasse entendre. En vain, depuis que le ciel nous a rendu la race de Louis IX, de François Ier et de Louis XIV, chaque année voit-elle provoquer la réformation de ce Code? En vain cette réformation est promise par chaque ministère : il subsiste encore, et on se fonde sur ses dispositions pour établir qu'il n'est aucune justification possible pour la mémoire du condamné dont l'innocence n'est reconnue qu'après sa mort.

Avant de réfuter les arguments invoqués à l'appui de cette inconcevable doctrine, le noble pair sent le besoin de rappeler quelques maximes consolantes consacrées par un assentiment unanime et sur lesquelles doit reposer toute discussion en cette matière. N'est-il pas généralement reconnu que des jugements qui ne sont point infaillibles ne doivent pas demeurer irréparables? qu'une mémoire sans tache est un bien dont la société doit la restitution à celui qu'elle en a privé injustement, ou à sa famille lorsqu'il n'existe plus? enfin, qu'un malheur public tel que la condamnation de l'innocence ne peut rester sans une expiation solennelle? C'est à l'orateur même qui a combattu l'adoption du projet que le noble pair emprunte l'expression de ces grandes vérités. C'est lui qui, dans les premières lignes de son opinion, a posé ces principes incontestables. Comment, au lieu d'en admettre les conséquences, s'est-il trouvé conduit à embrasser un système directement contraire à celui qu'elles établissent et qu'il avoue lui-même avoir d'abord adopté ? Il a été détrompé, dit-il, par un examen plus attentif de nos institutions actuelles.

Avant de s'engager avec lui dans cet examen, le noble pair croit devoir jeter un coup d'œil en arrière : pour discuter avec plus de fruit la législation actuelle sur ce point, il recherche quelles étaient les dispositions de l'ancienne législation. Les lois romaines d'abord, ces lois qui ont mérité le nom de *raison écrite,* consacraient, comme un droit naturel à l'abri de toute prescription et de toute atteinte de la part des hommes, ce droit qui appartient au fils, au frère, à la veuve, de venger la mémoire d'un père, d'un frère, d'un époux. Elles déclaraient indigne de succéder celui qui n'usait pas de ce droit, ou plutôt qui ne satisfaisait pas à ce devoir; et, pour en favoriser l'accomplissement, elles affranchissaient des peines de la calomnie l'accusation, même injuste, portée par un fils pour venger la mort de son père.

En France, et sous le régime des anciens principes, le droit de provoquer la réhabilitation n'était pas moins sacré pour les familles. Deux voies étaient ouvertes pour y parvenir : la cassation et la révision. L'une portait principalement sur la forme, l'autre s'exerçait sur le fond. La cassation, si l'accusé était encore vivant, renvoyait le procès devant d'autres juges; s'il n'existait plus, elle terminait la poursuite, l'arrêt demeurait annulé, et l'accusé était réputé mort dans l'intégrité de ses droits. La révision, au contraire, reportait le procès devant les mêmes juges, qui, d'après l'instruction existante et les nouvelles preuves précédentes, examinaient s'il y avait eu erreur dans le premier jugement.

Ce dernier mode rencontrerait aujourd'hui des obstacles et s'adapterait difficilement à notre système actuel de procédure. Mais la voie de la cassation pourrait être admise sans inconvénient; et d'ailleurs, quelques difficultés que présente la confection d'une loi sur cet objet, il faudra les vaincre, parce qu'une loi est nécessaire et qu'il serait absurde d'établir en principe l'impossibilité d'une réhabilitation pour le condamné dont l'innocence n'est reconnue qu'après qu'il a cessé de vivre. En vain dira-t-on que la procédure par jurés s'oppose invinciblement à la révision. Cette procédure n'a point empêché, en Angleterre, la cassation de l'arrêt prononcé contre Strafford, celle de la déclaration rendue par le jury contre Russell et Sydney; et ces exemples n'ont point ébranlé le respect de la nation anglaise pour une institution précieuse. Il en serait de même en France. Les jurés, loin d'être troublés dans l'exercice de leurs fonctions par l'idée d'une révision possible, seraient tranquillisés, au contraire, en pensant que les erreurs qui pourraient leur échapper ne resteraient pas du moins sans réparation, et les peuples respecteraient davantage encore des magistrats assez consciencieux pour faire à la justice le sacrifice qui coûte le plus aux hommes, et pour dire, avec un illustre empereur romain : *Pro æquitate servandâ etiam nos contradici patimur.* Telles sont les considérations qui avaient fait désirer au noble pair qu'une loi nouvelle et générale pût donner les moyens de réparer, dans tous les cas, les erreurs de la justice, et qui l'ont déterminé à appuyer de tout son pouvoir la proposition qui en a été faite. Dans son opinion, il eût été préférable de ne pas restreindre, comme on le fait aujourd'hui, cette proposition à un seul cas : mais ce cas est celui qui l'a inspirée. Dans quelques termes, d'ailleurs, que soit conçue la résolution de la Chambre, elle éveillera suffisamment l'attention du roi sur un objet important. Le noble pair, membre de la Commission, n'a donc point hésité à souscrire à la restriction qu'elle jugeait nécessaire, et il appuie le projet tel qu'il est présenté. Il espère que sa voix retentira hors de cette enceinte, et portera quelque consolation à cette famille infortunée dont la réclamation a été le germe de la proposition originaire. Il vote en conséquence l'adoption du projet de résolution.

L'Assemblée ordonne l'impression de son discours.

Un troisième opinant, inscrit pour combattre le projet, obtient la parole.

Le noble pair (*M. le comte Siméon*) s'honore de partager les sentiments généreux exprimés par l'orateur qu'on vient d'entendre; mais les vœux les plus légitimes ne peuvent pas toujours être exaucés, et si l'humanité a ses droits, la justice a aussi les siens. Celle des hommes n'est pas infaillible, sans doute; mais quand on a fait tout ce qui était possible pour la garantir de l'erreur, faut-il, pour corriger d'inévitables imperfections, s'exposer à des inconvénients plus graves? Toutes les précautions que peuvent suggérer la prudence et la réflexion ont été prises par le législateur pour assurer la vérité des jugements. C'est à ce but que tendent toutes les améliorations introduites dans notre procédure criminelle. Mais plus on a fait d'efforts pour y parvenir, plus il importe d'accorder ensuite aux décisions de la justice une entière confiance. Autant on doit de protection et de garanties à l'accusé avant le jugement, autant, après qu'il est rendu, doit-on éprouver de répugnance à en infirmer l'autorité. Une évidence contraire peut seule dans ce cas détruire celle qui a servi de base à la déclaration des jurés, et c'est par ce motif que la loi s'est montrée si sévère sur l'admission des demandes en révision. Nos lois anciennes l'étaient moins sans doute, mais elles ne présentaient pas les mêmes garanties pour la certitude des jugements; et la procédure écrite offrait, pour la révision, des éléments qui ne se retrouvent plus dans la procédure orale. Nous profitons des avantages que celle-ci procure, sachons aussi en supporter les inconvénients. Les causes de révision prévues par le Code embrassent, d'ailleurs, tous les cas où il peut être nécessaire de revenir sur un arrêt régulièrement rendu. A la vérité, c'est pour un seul de ces cas, celui où la personne dont l'homicide supposé avait donné lieu à la condamnation se représente, que la révision est permise après la mort du condamné. Ce n'est pas sans de graves motifs que cette distinction a été admise. Dans ce cas, en effet, il n'existe plus de crime; il ne peut donc plus exister de coupable; l'erreur de la condamnation est évidente, et la présence du condamné n'ajouterait rien à une preuve qui consiste tout entière dans la reconnaissance d'identité de la personne que l'on avait crue homicidée. Dans les autres cas, au contraire, le crime subsiste toujours; mais il s'élève sur la culpabilité personnelle du condamné des doutes qui ne peuvent s'éclaircir que par un nouvel examen. Si, dans l'hypothèse de deux arrêts inconciliables, les deux accusés sont vivants, cet examen est possible, et la loi l'autorise ; mais si l'un d'eux est mort, comment établir un débat nouveau ? Le curateur que l'on nommerait à sa mémoire pourra-t-il fournir les explications nécessaires ; et, soit que la révision ait été demandée par la famille du condamné qui n'est plus, soit qu'elle ait été provoquée par le condamné vivant encore, celui-ci n'aurait-il pas sur l'autre un avantage immense, et qui, presque toujours, fera retomber la condamnation sur ce dernier ? Que serait-ce donc, si toutefois on peut admettre la possibilité de condamner un homme qui a cessé de vivre, si les deux condamnés étaient morts ? Et comment espérer de découvrir la vérité, lorsque tous les éléments qui pourraient y conduire auraient disparu ?

La loi nouvelle a donc fait sagement de restreindre la possibilité de la révision au cas qu'elle spécifie. Il en est un cependant qu'elle n'a pas prévu et qui semble exiger un remède quelconque : c'est celui où, après une première condamnation exécutée pour un crime qui n'aurait pu être commis que par un seul individu, un second viendrait à être condamné postérieurement pour le même fait. Dans ce cas, pourrait-on exécuter la seconde condamnation, dont la première semble démontrer l'injustice ? Personne, sans doute, ne le pensera, malgré le silence de la loi. Mais cette supposition extraordinaire ne peut être un motif pour admettre dans l'usage une révision, sujette d'ailleurs à tant d'inconvénients. Il existe, pour ce cas, ainsi que pour tous les autres qui ne peuvent être prévus, une ressource dans la clémence du roi, dont la prérogative, à cet égard, peut s'appliquer à des actes de justice comme à des actes de faveur et de miséricorde. Le noble pair, tout en applaudissant aux motifs qui ont dicté le projet de résolution, croit avoir démontré qu'il ne saurait être admis. Il en vote, en conséquence, le rejet pur et simple.

La Chambre ordonne l'impression de son discours.

Le préopinant (*M. le marquis de Lally*) observe que c'est uniquement par la considération des difficultés que présente la révision et par l'impossibilité alléguée d'y procéder en certains cas, que l'on repousse le projet de résolution. Le noble pair est loin de contester les difficultés, mais pourquoi ne ferait-on pas quelques efforts pour les vaincre? Il ne demande pas ce qui est impossible, mais pourquoi refuserait-on ce qui peut être accordé? Une voie extraordinaire est indispensable, dans toute hypothèse, pour suppléer à ce que la loi n'a pu prévoir. Que l'on choisisse celle qui paraîtra préférable, que l'on procède par révision ou par cassation, peu importe : le noble pair adopterait même l'idée de lettres d'abolition accordées par le roi, pourvu qu'on n'en pût induire l'inadmissible supposition d'un pardon accordé à l'innocence. Mais une décision quelconque est nécessaire, et le projet de résolution qui la provoque ne peut être rejeté.

Un quatrième opinant (*M. le duc de Cazes*) ajoute que toutes les opinions se réunissent pour reconnaître dans la législation une lacune fâcheuse, et ne se divisent que sur la question de savoir si elle peut ou si elle doit être remplie. Les adversaires du projet, effrayés des difficultés que présente en certains cas la révision et des inconvénients qu'elle peut entraîner, se refusent à toute extension de la loi actuelle sur cette matière. Le noble pair estime que, quelle que soit la difficulté de l'entreprise, on ne peut s'en prévaloir pour repousser absolument une amélioration nécessaire. Il convient, sans doute, de ne pas adopter légèrement les mesures qui seraient proposées ; mais quel inconvénient apercevrait-on à ce que l'attention du roi fût spécialement appelée sur un objet si important? Tel est le but, tel sera l'unique résultat du projet de résolution, et, sous ce rapport, le noble pair croit devoir l'appuyer. Il se flatte que le vœu exprimé par la Chambre provoquera les méditations des jurisconsultes, celles des conseils de la couronne, et qu'à l'aide de leurs lumières, on trouvera le moyen d'assurer réparation à l'innocence, sans compromettre le respect dû aux décisions de la justice. En vain, pour établir l'impossibilité de la révision, a-t-on prétendu que le système de la procédure orale la rendait impraticable. Il suffit, pour réfuter cet argument, de rappeler qu'à côté de la procédure orale, se trouve l'instruction écrite qui la précède et qui rarement en diffère sur les points importants. Cette instruction, sans cesse invoquée dans le débat contre l'accusé, pourrait de même, lorsqu'il n'existe plus, être invoquée pour sa justification, et fournirait une base suffisante à la révision du procès. On a dit

aussi que cette révision, dans le cas prévu par le projet, condui-
rait souvent à ce résultat absurde de faire prononcer une condamnation contre un homme qui n'existe plus. On s'est trompé
à cet égard. Il ne peut être question, en aucun cas, de provoquer
une condamnation nouvelle, mais seulement une déclaration
d'innocence, si les preuves de cette innocence sont claires et
évidentes. Quel mal y aurait-il à ce qu'elle fût reconnue par la
justice, et quel besoin de prononcer une condamnation nouvelle
contre celui en faveur duquel la réhabilitation ne serait pas demandée? La révision est donc possible et sans inconvénient.
Mais devant quels juges serait-elle portée? C'est, aux yeux du
noble pair, la plus grande difficulté de la question. En saisir le
jury est la première idée qui se présente; mais, en l'adoptant,
on aurait à craindre d'affaiblir, par la contradiction manifeste
de deux déclarations successives sur le même fait, le respect dû
à la décision des jurés.

On aurait encore à craindre qu'en matière politique, ce mode
de révision ne fournît un moyen facile d'annuler des jugements
contre lesquels l'esprit de parti porterait seul à revenir. Une autre
juridiction, établie pour les cas les plus graves et investie de la
plus haute confiance, serait peut-être la seule qui pût convenable-
ment prononcer dans une occasion si délicate. L'opinant veut
parler de la Cour des pairs, qui, élevée par sa position au-dessus
de toutes les autres Cours, serait éminemment propre à reconnaître et à réparer leurs erreurs. Peut-être n'est-ce pas le seul
cas où une grande suprématie judiciaire devrait être confiée à la
pairie. Ne pourrait-on pas avec avantage lui déférer les jugements des causes qui, portées successivement à deux Cours
royales dont les arrêts ont été cassés, se trouvent jugées encore
par une troisième dans un sens contraire à l'avis de la Cour de
cassation? Dans ce dernier cas, une interprétation législative
devient nécessaire; mais la loi nouvelle ne pouvant avoir d'effet
rétroactif, l'affaire elle-même qui a provoqué cette loi reste sans
décision, ce qui n'arriverait pas si la Cour des pairs pouvait en
être saisie. Cette idée est sans doute susceptible de controverse,
et le noble pair ne prétendrait pas la faire admettre sans autre
examen; mais elle lui a paru digne de fixer un instant l'attention
de la Chambre. Il désire qu'elle devienne l'objet des réflexions

du gouvernement, et se borne du reste à voter quant à présent l'adoption du projet.

La Chambre ordonne l'impression de son discours.

Un cinquième opinant (*M. le comte Lanjuinais*) obtient la parole.

Quoique le projet de résolution restreigne à un seul cas la demande d'un nouveau mode de révision, c'est en général et sans aucune application à des espèces particulières que le noble pair croit devoir envisager la question soumise à la Chambre. Il n'y a aucun motif, en effet, pour former une hypothèse plutôt qu'une autre, pour supposer que le premier condamné soit mort et non pas le second, ou pour admettre préférablement la supposition contraire. La loi doit s'appliquer également à tous les cas, et c'est ce que ne faisait point la loi de 93, qui n'avait été rendue qu'à l'occasion d'une espèce particulière, et qui offrait plutôt le caractère d'un rescrit que celui d'une loi générale. En 1808, lors de la publication du Code d'instruction criminelle, on a établi deux cas nouveaux où la révision pourrait être admise. Aujourd'hui, on propose de l'étendre au cas non prévu où l'un des condamnés a cessé de vivre. Peut-être serait-il permis de douter qu'une loi spéciale fût ici nécessaire, et serait-on fondé à soutenir que les tribunaux auraient, en vertu du Code même, le droit de procéder à la révision dans le cas dont il s'agit. Le Code, en effet, n'a point parlé du cas où l'un des condamnés serait mort; mais s'ensuit-il de son silence que dans ce cas il prohibe la révision, et sur quel motif la Cour de cassation pourrait-elle annuler un jugement qui l'admettrait par une analogie tirée de l'art. 447, aux termes duquel elle est permise en cas de mort du condamné, lorsque l'homme supposé tué par lui vient à reparaître? Quoi qu'il en soit de la possibilité d'admettre la révision dans le cas prévu par le projet même, avec notre législation actuelle, le noble pair estime qu'une loi nouvelle sur ce point est nécessaire. Mais, dit-on, il est impossible, par la nature même de l'instruction criminelle, aujourd'hui purement orale et dont il ne reste aucune trace, que la révision conduise à un résultat satisfaisant. Cette objection est fondée sur une erreur que le préo-

pinant a déjà fait remarquer. Il est vrai que devant les jurés tout
est oral dans le débat; mais la procédure antérieure est écrite, et
le Code même permet d'en faire usage en présence de l'accusé,
quand le débat ne s'ouvre qu'après un jugement rendu par con-
tumace, et qu'on ne peut retrouver les témoins ou les faire
comparaître. Pourquoi cette procédure, à laquelle on est sans
cesse forcé de recourir pour l'examen dans les cas ordinaires, ne
deviendrait-elle pas, dans un cas extraordinaire, la première
base d'une révision? Sans doute le nouvel examen auquel on
devra se livrer sera plus difficile et moins satisfaisant pour la
conscience du juge que s'il se faisait en présence de l'accusé et
avec la réunion de tous les éléments qui ont constitué le premier
débat, mais il ne s'ensuit pas qu'il soit absolument inutile ou
impossible. Une loi ne peut donc être refusée par ce motif. Le
noble pair insiste pour qu'elle soit demandée, en abandonnant
au gouvernement le soin de la préparer de manière à ce qu'elle
s'applique à tous les cas, et à ce qu'elle présente le moins d'inconvénients qu'il sera possible. Il vote en conséquence l'adoption
du projet de résolution.

L'Assemblée ordonne l'impression de son discours.

Un sixième orateur (*M. le duc de Broglie*) combat la résolution proposée. A son avis, la question a été déplacée par plusieurs des préopinants. Ce n'est pas une loi générale que la
Chambre discute en ce moment; c'est une proposition spéciale
relative à un cas déterminé : celui où, après une première condamnation exécutée, une nouvelle condamnation intervient pour
le même fait. Dans ce cas, la Commission propose d'amettre la
révision nonobstant la mort du premier condamné. Cette proposition paraît inadmissible au noble pair. Des objections puissantes ont déjà été présentées contre un pareil système. On a dit
avec raison que la procédure orale y opposait un obstacle insurmontable et que l'absence de l'accusé rendait inutile. Ces arguments, quelle que fût leur force, pouvaient cependant être com-
battus, et ils ne seront pas demeurés sans réponse. Mais il en
est un autre qui n'a pas encore été présenté, et qui semble devoir
entraîner le rejet de la résolution.

Voici cet argument. Lorsque après une première condamnation, une seconde est prononcée contre un autre individu pour le même fait, la probabilité la plus forte, la certitude, pour ainsi dire, est que la seconde condamnation est juste, puisque pour s'y soustraire l'accusé qu'elle atteint avait non-seulement les moyens de défense qui lui étaient personnels, mais encore le moyen puissant qui résultait en sa faveur de la condamnation précédente, moyen si propre à faire impression sur la conscience des jurés, et à déterminer de leur part un examen plus attentif encore et plus scrupuleux. La certitude de l'innocence du premier accusé se trouvant ainsi acquise par la seconde condamnation, peut-on attendre un résultat utile de la révision du procès ? Le noble pair ne le pense pas. Cette révision, en effet, aurait nécessairement pour résultat d'établir un débat contradictoire entre le second condamné, d'une part, et un orateur qui serait nommé à la mémoire du premier ; mais qui ne voit que dans cette lutte inégale tout l'avantage serait du côté de celui qui défendrait actuellement sa vie ? Quoique coupable, il serait presque infailliblement absous ; et, loin d'être réhabilitée, la mémoire du premier se trouverait flétrie par un nouvel arrêt, contre lequel aucun recours ne serait plus possible. La révision serait donc plus fâcheuse qu'utile à celui en faveur duquel elle serait provoquée, et dans ce cas elle n'aurait d'autre effet que d'empêcher l'opinion publique, éclairée par la liberté de la presse, d'effacer, dans l'intérêt des familles, une tache qui n'existe que dans l'opinion, et d'accorder à la mémoire de l'innocent condamné une réparation pour laquelle la justice est impuissante. Le projet de résolution est inadmissible. Aussi l'orateur qui l'a si vivement défendu à l'ouverture de cette séance a-t-il bien moins insisté sur son adoption que sur celle d'un système général de réhabilitation après la mort du condamné. A cet égard, il serait difficile de se refuser aux raisons puissantes qu'il a données pour établir la nécessité d'une révision judiciaire, sans compromettre plus ou moins l'autorité de la chose jugée et le respect dû à la déclaration du jury. Aussi, dans un pays voisin où le jury est la base de toute justice criminelle, s'est-on bien gardé d'établir par une loi un mode de révision pour des cas déterminés à l'avance. Mais l'expérience a fait connaître que dans certains cas une réparation extraordinaire était indispensable ; et elle a été plusieurs fois accordée par des actes du parlement. Ce mode pourrait être également admis en France, et rien ne s'opposerait à ce que, dans des circonstances graves et où l'injustice serait évidente, un acte de la législature vînt réhabiliter la mémoire de celui qu'un jugement inattaquable aurait flétri. Ce mode concilierait avec l'intérêt des familles le respect dû à l'autorité des jugements ; mais il n'est pas nécessaire qu'une loi l'autorise en principe ; et c'est seulement par des actes particuliers que la Chambre pourrait statuer à cet égard. Une loi générale est donc inutile ; celle que le projet de résolution tend à provoquer serait d'ailleurs vicieuse en elle-même. L'opinant en vote le rejet.

Un pair (*M. le comte Lanjuinais*) observe que l'infamie qui s'attache à la mémoire des condamnés ne résulte pas seulement de l'opinion publique, et que la loi la reconnaît formellement, lorsque dans l'art. 447, en prévoyant le cas où la révision peut être admise à l'égard d'un individu qui n'existe plus, elle prononce que dans ce cas *la mémoire serait déchargée*. Il y a donc même, après la mort du condamné, un intérêt légal à provoquer la révision. Le noble pair insiste sur l'adoption du projet soumis à la Chambre.

Aucun autre orateur ne demandant la parole, M. le président donne à l'Assemblée une nouvelle lecture du projet de résolution.

Cette lecture faite, le projet est mis aux voix et provisoirement adopté.

Avant d'ouvrir le scrutin pour voter sur son adoption définitive, M. le président désigne, suivant l'usage, par la voie du sort, deux scrutateurs pour assister au dépouillement des votes.

Les scrutateurs désignés sont : MM. le duc de Polignac et le comte de Pressigny, archevêque de Besançon.

On procède au scrutin, par appel nominal, dans la forme usitée pour le vote des lois.

Sur un nombre total de 110 votants que constate cet appel, le résultat du dépouillement donne 59 suffrages en faveur du projet de résolution (1).

(1) Tel fut le résultat obtenu malgré l'influence alors éminente de M. Siméon, ministre de l'intérieur, et de ses amis.

Son adoption est proclamée, au nom de la Chambre, par M. le président.

Suit la teneur du projet adopté :

« Sa Majesté sera suppliée de vouloir bien adresser aux Cham-
» bres un projet de loi qui statue sur un mode de révision à
» suivre, lorsque, deux individus ayant été condamnés par deux
» arrêts précédents pour le même crime, les deux arrêts ne pour-
» ront se concilier, seront la preuve de l'innocence de l'un ou de
» l'autre des deux condamnés, et que le premier de ces deux
» condamnés aura cessé de vivre. »

Ce projet de résolution sera adressé à la Chambre des députés par un message après le délai de dix jours prescrit par le règlement.

La séance est levée.

JOSEPH LESURQUES

DEVANT

LE SÉNAT

MONITEUR UNIVERSEL

Année 1862

Séance du 14 mai 1862.

M. LE PRÉSIDENT. La parole est à M. Stourm.

M. STOURM, *deuxième rapporteur.* (N° 307.) — Messieurs les Sénateurs, Lesurques est mort depuis soixante-cinq ans, et depuis cette époque il n'a pas cessé de s'élever des réclamations en faveur de son innocence et pour la révision de l'arrêt qui l'a condamné. L'émotion causée par cette triste affaire a semblé triompher des efforts du temps, de sorte qu'un éloquent orateur a pu dire, récemment encore, que ces protestations, renouvelées de génération en génération, laissaient une impression pénible sur tous ceux pour qui la justice et l'humanité ne sont pas de vains mots.

D'un autre côté, malgré ces invocations, malgré des démarches incessamment renouvelées d'une famille courbée sous le poids d'une condamnation infamante; malgré des pétitions réitérées, dont plusieurs reçurent un accueil favorable dans le sein des grands corps de l'État auxquels elles étaient adressées; malgré tant de circonstances de nature à causer une vive émotion, tous les gouvernements qui se sont succédé depuis 1796 ont opposé un refus persistant aux demandes en révision ou en réhabilitation de la famille Lesurques.

Pourquoi cette contradiction? Pourquoi, d'un côté, ces refus qu'on qualifie d'inexorables, et de l'autre, ces protestations dont le temps n'a diminué ni l'énergie ni le retentissement?

Cette contradiction ne pourrait-elle pas s'expliquer par la position différente des défenseurs de la famille Lesurques et celle des hommes d'État qui ont été appelés à exprimer leur opinion?

Les uns, sans responsabilité, se laissent peut-être aller plus facilement aux sentiments de sympathie que leur font éprouver la pensée de la mort d'un condamné qu'on leur dit innocent et la vue d'une famille en deuil; les autres, plus habitués au respect de la chose jugée, n'admettent pas aussi facilement des présomptions que la justice n'a pas vérifiées. Leurs regards embrassent un horizon plus étendu, et ils envisagent, principalement dans l'intérêt de la société, ainsi que dans celui des autres condamnés impliqués dans une même affaire, les conséquences du principe nouveau qu'on s'efforce d'introduire dans notre législation.

Si nous avions à nous exprimer sur le fond même de l'affaire Lesurques, nous ne pourrions que reproduire devant vous, non pas avec le même talent, mais avec la même conviction, les observations d'un collègue éminent que vous avez perdu et que vous regrettez, M. le baron de Crouseilhes, chargé en 1856 de rapporter une pétition de l'un des descendants de Lesurques. Vous devez vous rappeler l'impression que produisit dans cette enceinte son rapport, aussi remarquable par l'étude approfondie des faits que par la clarté de l'expression. Le procès-verbal qui en rend compte se termine ainsi :

« Ce rapport, écouté avec beaucoup d'attention, est suivi d'un mouvement général d'approbation.

» L'ordre du jour est prononcé. »

Tel est le dernier état de la question. La pétition, repoussée alors par l'ordre du jour, demandait qu'il intervînt un acte légal qui effaçât l'arrêt du 5 août 1796, par lequel fut prononcée la condamnation à mort de Lesurques, comme l'un des auteurs de l'assassinat du courrier de Lyon, près Lieusaint, et du vol de valeurs considérables que renfermait la malle.

Si nous remontons à l'origine de l'affaire, nous trouvons une succession de décisions de même nature, de sorte que l'on peut dire que, si les héritiers Lesurques ne se lassèrent pas de reproduire leurs demandes, l'autorité publique montra une constance égale dans ses refus.

A plusieurs reprises, sans doute, la Chambre des pairs et la Chambre des députés renvoyèrent au Gouvernement l'examen de la question ; mais le Gouvernement lui-même ne varia jamais ni dans l'appréciation des faits sur lesquels fut rendu l'arrêt de condamnation, ni dans l'exposé des principes de droit qui semblent opposer aux demandes des héritiers Lesurques une fin de non-recevoir invincible.

Immédiatement après sa condamnation, Lesurques demanda qu'il fût sursis à l'exécution. Le Directoire, hésitant, consulta le conseil des Cinq-Cents, qui nomma une commission chargée de l'examen. M. Siméon en fut le rapporteur, et, à la date du 5 brumaire an V, il conclut à l'ordre du jour. « Vous savez, dit-il, combien la révision est incompatible avec la procédure verbale et de conviction morale et personnelle qui a eu lieu devant les jurés. Vous savez qu'en Angleterre, le condamné peut, avant l'exécution à laquelle les juges ont le droit de surseoir à temps, plaider qu'il n'est pas la personne condamnée ; il peut disputer sur son identité, mais non plus s'il est coupable ou innocent ; car, dit Blackstone, c'est chose décidée. »

Ces conclusions furent adoptées, et le conseil des Cinq-Cents passa à l'ordre du jour.

En l'an IX, un autre accusé, Dubosc, que l'on disait avoir avec Lesurques une ressemblance qui aurait été la cause fatale de la condamnation de ce dernier, est arrêté et jugé. Le ministre de la justice veut que ce procès soit une seconde épreuve, pour ainsi dire, de l'innocence ou de la culpabilité de Lesurques ; il écrit à l'accusateur public de Seine-et-Oise, qui poursuivait l'affaire : « Vous êtes sans doute convaincu de la nécessité de faire les plus grands efforts pour découvrir entre Lesurques et Dubosc quel est le vrai coupable. » Les débats durent trois jours. Dubosc est condamné. Après son exécution, l'accusateur public répond au ministre de la justice : « Il a été vérifié, autant qu'il était possible de le faire, que cette confusion de personnes, seul moyen produit en faveur de Lesurques, n'avait point existé. Toutes les précautions prises ont amené des résultats évidemment contraires à Lesurques. »

En 1806, la famille Lesurques renouvelle ses instances. Le grand-juge demande un rapport ; on y lit ce qui suit : « Tout ce qui peut assurer à des hommes que la vérité a été connue me paraît se réunir pour attester la culpabilité de Lesurques et pour repousser l'allégation de son innocence. »

A la suite de ce rapport, une décision du grand-juge déclare qu'on ne peut accueillir la demande des héritiers Lesurques.

Deux ans plus tard, en 1808, le Code d'instruction criminelle est promulgué. Nos lois avaient jusque-là gardé le silence sur la révision des procès criminels. Le nouveau code comble cette lacune.

Les articles 443 et suivants admettent trois cas de révision :

1° Dans le cas de deux condamnations inconciliables ; 2° lorsque la personne prétendue homicidée se représente ou que son existence est constatée ; 3° dans le cas de faux témoignage.

De ces trois ouvertures en révision, il y en a deux (le cas de deux condamnations inconciliables et celui de faux témoignage) qui supposent et nécessitent de nouveaux débats, lesquels ne peuvent avoir lieu hors la présence du condamné ; d'où il résulte que le condamné mort, ou plutôt sa mémoire et sa famille, ne peuvent être admis à profiter du bénéfice de la révision.

« Est-elle juste, cette loi (s'écrient les défenseurs de la famille de Lesurques) qui, parce qu'un condamné est monté sur l'échafaud, refuse à sa mémoire et à sa famille une déclaration d'innocence? L'accusé n'est plus, et parce qu'il n'est plus, il ne pourra plus être défendu : mais s'il n'est plus, à qui la faute, grand Dieu! La faute en est à la justice, qui s'est trompée. »

Il y aurait beaucoup à dire sur ces exclamations. N'eût-il pas été convenable de prouver, avant toute chose, que l'arrêt prononcé contre Lesurques se trouve dans l'un des cas de révision prévus par le Code d'instruction criminelle, qu'il existe, par exemple, dans cette involution de procédures auxquelles l'assassinat du courrier de Lyon a donné lieu, deux arrêts inconciliables? Il est vrai qu'on prétend mettre en contradiction l'arrêt qui a condamné Lesurques en l'an IV et l'arrêt qui a condamné Dubosc en l'an IX ; mais cette contradiction existe-t-elle? Les explications que nous avons données précédemment semblent prouver le contraire.

On affirme ensuite que la justice s'est trompée. Mais c'est là précisément ce qu'il s'agirait de démontrer; et comment, lorsque la preuve n'est pas faite, peut-on se permettre une pareille affirmation ?

Les défenseurs de la famille Lesurques se conforment mieux aux convenances que commande le respect de la chose jugée, lorsqu'ils se bornent à demander qu'il leur soit ouvert un moyen légal de constater l'innocence de leur auteur et de faire tomber l'arrêt qui l'a condamné. Une consultation à laquelle ont adhéré plusieurs avocats appuie cette demande et lui donne de l'importance. « Si l'innocence de Lesurques est démontrée, dit la consultation, qui s'oppose donc à la réparation de l'erreur dont il aurait été victime? Un obstacle redoutable et respectable à la fois, la loi qui nous régit actuellement. Mais la loi, en ordonnant la cassation des deux arrêts contradictoires et le renvoi des accusés devant une cour d'assises, suppose évidemment l'existence des deux accusés. »

La demande en révision ne peut être en effet autorisée qu'à cette condition. La consultation en demande la modification et

exprime l'avis que lorsque deux arrêts se sont donné un réci-
proque démenti, la loi soit modifiée dans ce sens que la révision
puisse être ordonnée, même après la mort des accusés. Elle ne
dit rien, du reste, sur le temps qui se serait écoulé depuis le dernier arrêt ; et, puisqu'elle agit dans l'intérêt de la famille Lesurques, on doit croire qu'elle ne serait pas arrêtée par le délai des
soixante années accomplies depuis la condamnation Dubosc,
qu'on prétend être inconciliable avec la condamnation Lesurques.
La consultation ajoute qu'il n'est pas vrai qu'il soit impossible
de juger entre les deux verdicts. Sans doute des éléments précieux d'information sont détruits par la mort des condamnés ;
mais les pièces écrites restent, l'acte d'accusation subsiste, ainsi
que les dépositions recueillies dans l'instruction.

Ces motifs donnés par la consultation à l'appui des demandes
de la famille Lesurques sont précisément ceux qui ont décidé le
législateur à ne pas admettre la révision, lorsqu'il n'était plus
possible de soumettre au jury que quelques actes d'instruction
préliminaire faite à une époque antérieure aux débats devant le
jury, débats dont il n'est conservé aucune note. L'instruction
orale est de l'essence même du jury. Lorsque l'instruction orale
est impossible, le jury n'a plus de raison d'être. Ses décisions
sans autorité ne pourraient aboutir qu'à une funeste incertitude.

La consultation le dit elle-même en des termes meilleurs et
plus énergiques que ceux que nous pourrions employer. Voici le
passage dans lequel elle résume les objections qui lui sont op-
posées : « La présence de l'accusé, sa physionomie, son attitude,
sont des éléments indispensables de conviction ; la défense n'est
possible que s'il peut contredire l'attaque, la combattre par ses
souvenirs, par ses questions aux témoins ; sans l'accusé, le débat n'est qu'un leurre ; il n'est pas digne de la justice, et ne
peut produire ni une condamnation sérieuse, ni une véritable
réhabilitation. »

En se reportant aux discussions qui eurent lieu lors de la pré-
paration du projet de code d'instruction criminelle, on est porté à
penser que les circonstances encore récentes de l'affaire Lesurques se présentèrent à la mémoire du législateur. Ce qu'il y a
de certain, c'est que la prévision de faits analogues a donné lieu

à un débat contradictoire entre le conseil d'État et le Corps législatif.

La commission de législation civile et criminelle du Corps législatif fit l'observation suivante :

« Les articles 443, 444 et 445 supposent que le particulier qui a été condamné par l'effet d'une erreur ou de la prévention des témoins est vivant lorsqu'il se présente des circonstances propres à justifier son innocence. D'où l'on tirera la conséquence que si le condamné est mort dans l'intervalle, la condamnation doit rester.

» Cependant on sent combien, dans ce cas même, il est important que la loi détermine les moyens d'établir l'innocence de celui qui a subi une condamnation injuste. Il devrait en résulter la réhabilitation de sa mémoire. Cet hommage rendu à son innocence intéresse toute sa famille. »

Voilà bien la question telle qu'elle est posée par la famille Lesurques, avec les mêmes raisonnements et presque dans les mêmes termes.

Une conférence eut lieu entre les membres du conseil d'État et ceux de la commission du Corps législatif. Après discussion, il fut reconnu que des trois ouvertures à révision, il y en avait deux qui, supposant et nécessitant de nouveaux débats, ne pouvaient avoir lieu hors la présence du condamné. La commission du Corps législatif, complétement édifiée sur ces deux premiers points, réduisit elle-même sa demande à celle des trois ouvertures de révision qui fût praticable sans de nouveaux débats, c'est-à-dire celle de l'existence de l'individu dont la mort avait été supposée ; ce qui fut admis.

Il nous semble qu'il est impossible de trouver rien de plus concluant sur le sens et l'esprit des articles qui nous occupent. Les raisons victorieuses devant lesquelles se dissipèrent les objections de la commission du Corps législatif ont conservé encore aujourd'hui toute leur puissance.

Ces raisons sont résumées par le rapporteur lui-même de la commission du Corps législatif, dans son rapport sur le projet du code d'instruction criminelle : « Si, comme il n'est pas douteux, dit-il, de nouveaux débats sont nécessaires, comment seraient-ils formés, lorsque la partie principale, l'accusé, ne pourrait paraître? lorsqu'il ne pourrait être confronté aux témoins et à ses coaccusés, les interpeller, être interpellé lui-même, et lorsque l'instruction orale et publique serait ainsi privée des principaux avantages qui la rendent préférable à l'instruction secrète et par écrit? Il faut donc le dire avec douleur, il pourrait arriver que des condamnations prononcées contre des accusés présentassent, depuis qu'ils seraient morts, des incertitudes; mais il serait impossible de les vérifier, parce que les débats seraient impraticables. Or, une révision opérée sans débats n'offrirait pour résultat que des doutes et consacrerait l'instabilité des jugements. »

Il ne nous reste plus, messieurs, qu'à vous faire connaître deux actes du Gouvernement, importants en eux-mêmes, mais sur lesquels nous n'insisterons pas, parce qu'ils ne font que consacrer les doctrines qui viennent d'être exposées, doctrines puisées dans la substance même de la justice, dont aucun homme d'État ne peut se départir.

Les réclamations de la famille Lesurques, toujours renouvelées, furent envoyées en 1821 à M. de Serres, alors garde des sceaux, qui les repoussa par une décision du 30 novembre. M. de Serres signale surtout l'inconvénient de remettre en question des condamnations longtemps après l'arrêt, lorsque les preuves auraient dépéri et qu'il y aurait bien moins de probabilités pour la manifestation de la vérité qu'au jour même de l'arrêt attaqué.

Un nouvel examen plus solennel encore eut lieu en 1822. Les réclamations de la famille Lesurques furent déférées au conseil d'État, toutes sections réunies. Après un rapport où toutes les questions de fait et de droit sont srcupuleusement discutées par M. Zangiacomi, magistrat éminent dont la voix a fait longtemps autorité dans le sein de la cour de cassation et du conseil d'État, il intervint une décision fortement motivée qui déclara que la demande de la femme et des héritiers Lesurques ne pouvait être accueillie.

Le conseil d'État, après avoir établi que les décisions des jurés ne sont pas, en général, susceptibles de révision, dit que le code d'instruction criminelle n'a admis que trois exceptions à ce principe fondamental : les deux premières, dans le cas de deux condamnations inconciliables et dans le cas de faux témoignage ; que la révision dans ces circonstances ne peut avoir lieu qu'en connaissance de cause, et par conséquent lorsque les condamnés existent; que si, par une troisième exception (la représentation de la personne précédemment tenue pour homicidée), la révision peut avoir lieu lors même que le condamné n'existe plus, cette disposition ne blesse aucun principe, parce que l'affaire est réduite à une simple question d'identité.

Le conseil d'État discute, en terminant, les dépositions de témoins reçues dans l'affaire Dubosc, et conclut que «rien ne pourrait motiver, ni en fait ni en droit, la révision du procès de Lesurques. »

Ici se termine la série des actes dans lesquels le gouvernement est intervenu. Nous croyons avoir démontré que, malgré des sollicitations pressantes émanées quelquefois de corps influents, le gouvernement n'a pas cessé un seul instant de persévérer dans les doctrines inaugurées en l'an V par M. Siméon, professées ensuite par les esprits les plus éclairés et confirmées, par le législateur lui-même.

Les dispositions du code d'instruction criminelle forment un obstacle invincible à la réclamation des héritiers Lesurques. Leurs défenseurs ne le méconnaissent point : aussi demandent-ils, non pas une révision immédiate, mais une disposition législative nouvelle qui, modifiant les art. 443 et suivants, permette, lorsque deux arrêts criminels sont inconciliables, la révision de ces arrêts, même après la mort des condamnés.

Nous ne pourrions prêter les mains à une pareille proposition sans nous mettre en contradiction avec les principes que nous vous avons exposés dans le courant de ce rapport, et qui nous paraissent incontestables. Les dispositions tutélaires du code d'instruction criminelle doivent être maintenues. Si, dans quelques cas peu nombreux, la loi ne s'oppose pas à la révision des procès criminels, lorsqu'il peut en résulter un secours réel pour l'innocence méconnue, elle ne doit pas se prêter à des révisions qui n'auraient pour effet que de jeter des doutes sur les décisions de la justice, sans qu'il fût possible d'éclaircir ces doutes et d'aboutir à autre chose qu'à une plus grande incertitude.

Tels sont, messieurs, les principes qui, en 1856, vous ont dé-
cidés à voter l'ordre du jour sur le rapport de l'honorable M. de
Crouseilhes.

Le nouvel examen auquel nous avons dû nous livrer nous a
conduits à la même solution. Il nous a également démontré combien sont dignes de notre déférence les hommes d'État qui ont
présidé à la confection de nos lois au commencement de ce
siècle : aussi avons-nous confiance dans une opinion que nous
pouvons abriter sous leur autorité.

Votre deuxième commission des pétitions vous propose de
passer à l'ordre du jour sur la pétition de la demoiselle Lesurques
et du sieur Méquillet.

(Ce rapport, écouté avec beaucoup d'attention, est suivi de
marques d'approbation.)

Le Sénat prononce l'ordre du jour proposé par la commission.

LETTRE DE M. MÉQUILLET A M. STOURM

(17 MAI 1862)

« Monsieur le Sénateur,

» Je viens de lire le rapport que vous avez fait au Sénat, dans la séance du 14 courant, et d'après les conclusions duquel la pétition que j'avais présentée au nom de la famille Lesurques a été rejetée.

» Tout en protestant de mon respect pour l'opinion que vous avez adoptée, monsieur le Sénateur, et pour la décision du Sénat, permettez-moi cependant de vous exprimer la douleur qu'une telle décision m'a causée. Cruellement frappé dans la conviction et les espérances qui ont fait le but de ma vie entière, je ne suis cependant pas découragé ; et en regrettant que des considérations législatives aient empêché le corps le plus élevé de l'État de favoriser l'œuvre que j'avais entreprise, je ne cesserai pas d'attendre et de saisir les occasions que l'avenir pourra m'offrir de nouveau pour demander la cassation d'un arrêt injuste, la réhabilitation légale de l'innocent et la restitution des sommes détenues par l'État. Cette tâche est, je le sens, le devoir qui a été assigné à mon séjour ici-bas : je manquerais à ma conscience si je cessais lâchement de m'en acquitter. Les infirmités de l'âge et la défaillance de mes forces ne m'empêcheront pas de consacrer jusqu'à mon dernier souffle à proclamer bien haut l'innocence de l'infortuné Lesurques, et malgré la mort qui m'attend, et dont les coups, frappant tout autour de moi, sont autant d'avertissements de me préparer à quitter ce monde, j'espère encore vivre assez longtemps pour voir la vérité et la justice triompher des entraves légales qui les empêchent encore, aujourd'hui, d'éclater au grand jour.

» Daignez agréer, monsieur le Sénateur, l'hommage de mon respect.

» Louis MÉQUILLET PÈRE.

» Batignolles, le 17 mai 1862. »

Paris. — Imprimerie de DUBUISSON et Cᵉ, rue Coq-Héron, 5.